O Genocídio do Negro Brasileiro

Direção geral J. Guinsburg

Edição de texto Iracema A. de Oliveira
Produção de texto e revisão Luiz Henrique Soares e Elen Durando
Produção Ricardo W. Neves, Sergio Kon e Lia N. Marques

CIP-Brasil. Catalogação-na-Fonte
Sindicato Nacional dos Editores de Livros, RJ

N194g
    Nascimento, Abdias do, 1914-2011
    O genocídio do negro brasileiro : processo de um racismo mascarado / Abdias Nascimento. - 3. ed. - São Paulo : Perspectivas, 2016.
    232 p. ; 19 cm.

    Inclui bibliografia
    ISBN 978-85-273-1080-2

    1. Negros - Condições morais e sociais. 2. Negros - Identidade racial. 3. Negros - Brasil - Segregação. 4. Negros - Brasil - Condições morais e sociais. 5. Negros - Brasil - Vida intelectual 1. Título.

16-37071   CDD: 301.451
                                        CDU: 316.347(81)

14/10/2016   18/10/2016

4ª edição – 8ª reimpressão

Direitos reservados à

EDITORA PERSPECTIVA LTDA.

Praça Dom José Gaspar, 134, cj. 111
01047-912 São Paulo SP Brasil
Telefax: (11) 3885-8388
www.editoraperspectiva.com.br

2025

O GENOCÍDIO DO NEGRO BRASILEIRO

Processo de um
Racismo Mascarado

ABDIAS NASCIMENTO

Prefácios de FLORESTAN FERNANDES e WOLE SOYINKA
Posfácio de ELISA LARKIN NASCIMENTO

PERSPECTIVA

SUMÁRIO

Prefácio à Edição Brasileira
[Florestan Fernandes]
17

Prefácio à Edição Nigeriana
[Wole Soyinka]
23

Prólogo:
A História de uma Rejeição
27

I   Introdução
47

II   Escravidão:
O Mito do Senhor Benevolente
57

III   Exploração Sexual da Mulher Africana
73

IV   O Mito do "Africano Livre"
79

V   O Branqueamento da Raça:
Uma Estratégia de Genocídio
83

VI Discussão Sobre Raça:
    Proibida
    93
VII Discriminação:
    Realidade Racial
    97
VIII Imagem Racial Internacional
    105
IX O Embranquecimento Cultural:
    Outra Estratégia de Genocídio
    111
X   A Perseguida Persistência da Cultura Africana
    no Brasil
    123

| XI | Sincretismo ou Folclorização?
133 |
|---|---|
| XII | A Bastardização da Cultura Afro-Brasileira
141 |
| XIII | A Estética da Brancura nos Artistas Negros Aculturados
153 |
| XIV | Uma Reação Contra o Embranquecimento: O Teatro Experimental do Negro
161 |
| XV | Conclusão
169 |

Anexos
177
  1: Colóquio do Segundo Festival Mundial de Artes e
      Culturas Negras e Africanas: Relatório das Minorias
      178
  2: Teatro Negro-Brasileiro: Uma Ausência Conspícua
      186
  3: Arte Afro-Brasileira: Um Espírito Libertador
      196

Posfácio:
O Genocídio no Terceiro Milênio
[Elisa Larkin Nascimento]
209

Notas
219

Bibliografia
225

In Memoriam

PIO ZIRIMU, diretor do colóquio do Segundo Festival Mundial de Artes e Culturas Negras e Africanas, o Festac'77, faleceu antes de sua realização, em 30 de dezembro de 1976. Pouco antes, dirigiu ao autor do presente volume uma carta, datada de 15 de dezembro de 1976, da qual transcrevemos os seguintes trechos:

> Lamento não ter-lhe dado notícias antes. Só tenho a confessar que falhei. Não fui capaz de conseguir que seu trabalho fosse aceito pelos poderes constituídos. [...] Estou convencido que o material deve ser publicado. [...] Espero que as forças da história ainda trabalhem, continuem a trabalhar, para trazer à luz o que você tão claramente disse em seu trabalho.

Até o instante da sua morte, Pio Zirimu dedicou-se por inteiro ao esforço de transformar o colóquio num evento cultural de verdadeira significação histórica para a África e para os negros de todo o mundo. À realização de tal objetivo sacrificou sua vida. Nos deixou um legado de trabalho corajoso e honesto, um raro modelo de integridade pessoal. O professor Zirimu merece nosso respeito e profunda gratidão.

A.N.

Para Florestan Fernandes
Exemplo de integridade científica e coragem humana

A.N.

Ilé-Ifé, Nigéria, 1976

GENOCÍDIO – geno-cídio

O uso de medidas deliberadas e sistemáticas (como morte, injúria corporal e mental, impossíveis condições de vida, prevenção de nascimentos), calculadas para o extermínio de um grupo racial, político ou cultural ou para destruir a língua, a religião ou a cultura de um grupo.

Webster's Third New International Dictionary of the English Language, Springfield: G&C Merriam, 1967.

GENOCÍDIO – geno-cídio

Genocídio s.m. (neol.). Recusa do direito de existência a grupos humanos inteiros, pela exterminação de seus indivíduos, desintegração de suas instituições políticas, sociais, culturais, linguísticas e de seus sentimentos nacionais e religiosos. Ex.: perseguição hitlerista aos judeus, segregação racial etc.

Dicionário Escolar do Professor, organizado por Francisco da Silveira Bueno. Brasília: Ministério da Educação e Cultura, 1963, p. 580.

PREFÁCIO À EDIÇÃO BRASILEIRA

Florestan Fernandes[1]

São tantos e tão profundos os laços que me prendem a Abdias Nascimento* que enfrento um compreensível acanhamento em apresentar esta obra ao público brasileiro. Estamos no mesmo barco e dando o mesmo combate – não de hoje, mas há anos. Persistimos por uma questão de caráter e de formação política. E se algo nos separa é o vulto de sua contribuição, comparada com a minha. Eu fui acusado de identificação moral e psicológica com o negro. Ele é o negro militante que não pode ser acusado por ninguém, e porventura o que não desistiu depois que todas as bandeiras se arriaram. Portanto, o que nos distingue é a qualidade de sua contribuição e o valor de sua atividade.

Nesses dois pontos, há que tomar em conta uma pedagogia e uma política. A pedagogia se consubstancia no Teatro Experimental do Negro, que ele inventou como um expediente revolucionário que abalasse as estruturas mentais do negro, destruindo uma autoimagem reflexa destruidora, e que expusesse a hipocrisia racial

NOTA DA EDIÇÃO: Ao assinar, o autor escrevia "Abdias Nascimento" e dava preferência a essa forma, mas o nome oficial, Abdias do Nascimento, também era usado. Observando a inconstância em citações e publicações, em 2004 ele solicitou ao Ipeafro, instituto que criara e que guarda seu acervo, que uniformizasse a grafia do nome sem a preposição. Neste volume, cumprimos o desejo que ele manifestou em vida.

do branco a uma crise irreversível. A política aparece na guerrilha a descoberto e permanente: fustigar as causas e os efeitos do "preconceito de cor" sem qualquer concessão, entre os brancos e entre os negros – e contra ambos, quando eles se revelassem indignos da lição. Em consequência, a denúncia da propalada democracia racial se convertia em fato político e passava a contar como fator de erosão da ideologia racial oficial.

Este livro repõe, de novo, todo o significado da presença de Abdias Nascimento na agitação do problema africano no Brasil (e não mais do "problema racial brasileiro"). Ele não pede "as migalhas do banquete" e tampouco perde tempo com a "questão da justiça à gente negra". Isso ficou para o passado, para as agitações e os movimentos das décadas de 1930 e de 1940. Como não é branco e liberal, como Nabuco, não toma as vestes do paladino da "causa do negro"; e como não acredita que se possa fazer qualquer coisa antes de uma autêntica revolução democrática, também não se apega ao fomento de uma contraideologia racial de autodefesa e de contra-ataque. Limpa e claramente retoma a ação direta dos quilombolas, centrando suas baterias na luta pela liberação do negro e do mulato de tantas e tão variadas servidões visíveis e invisíveis.

Vejo neste livro três contribuições novas, para as quais convém chamar a atenção do leitor. Primeiro, a mais importante de todas: a configuração do protesto negro no contexto histórico do último quartel do século XX. Depois de algumas arrancadas audaciosas e incompreendidas, principalmente nas décadas de 1920, 30 e 40, o negro aceitou a tática do que parece ser o "caminho viável" e "mais fácil": o da infiltração individual, das compensações pessoais, que simplifica as coisas e revela que "o negro de alma branca" é tão competente quanto qualquer outro, nacional ou estrangeiro. Por que não? Abriram-se novas vias de ascensão econômica, social, cultural e política. Não são muitas, mas aparecem em vários níveis. Por que não aproveitá-las no melhor estilo convencional, posto em prática pelos brancos? São vias que levam, com frequência, à proletarização (a transformação real em trabalhador livre e a integração às classes trabalhadoras) e, algumas vezes, a posições cobiçadas (para alguns, nas chamadas "classes médias"; para poucos, nas "classes altas"). Essa tática é suicida, no plano coletivo: ela pressupõe a acefalização da população negra. Seu talento é transferido para os estratos sociais da "raça" dominante e passa a ser utilizado na mais estrita defesa da ordem. Todavia, esse é o preço a ser pago pela conquista de "um lugar ao sol". De modo indireto, ela é construtiva, pois cria, aos poucos, um novo negro, que força a reeducação do branco na avaliação do negro e do mulato e põe em xeque os estereótipos ou os estigmas raciais. Estamos, pois, em um clima pouco propício ao reencetamento do protesto negro. Abdias não só o retoma, ele o reequaciona política e socialmente. Não fala mais em uma "Segunda Abolição" e situa os segmentos negros e mulatos da população brasileira como estoques africanos com tradições culturais e um destino histórico peculiares. Em suma, pela primeira vez surge a ideia do que deve ser uma sociedade plurirracial como democracia: ou ela é democrática para todas as raças e lhes confere igualdade econômica, social e cultural, ou não existe uma sociedade plurirracial democrática. À hegemonia da "raça" branca se contrapõe uma associação livre e igualitária de todos os estoques raciais.

A segunda contribuição se vincula ao uso sem restrições do conceito de genocídio aplicado ao *negro brasileiro*. Trata-se de uma palavra terrível e chocante para a hipocrisia conservadora. Contudo, o que se fez e se continua a fazer com o negro e com os seus descendentes merece outro qualificativo? Da escravidão, no início do período colonial, até os dias que correm, as populações negras e mulatas têm sofrido um genocídio institucionalizado, sistemático, embora silencioso. Aí não entra nem uma figura de retórica nem um jogo político. Quanto à escravidão, o genocídio está amplamente documentado e explicado pelos melhores e mais insuspeitos historiadores. A abolição, por si mesma, não pôs fim, mas agravou o genocídio; ela própria intensificou-o nas áreas de vitalidade econômica, onde a mão de obra escrava ainda possuía utilidade. E, posteriormente, o negro foi condenado à periferia da sociedade de classes, como se não pertencesse à ordem legal. O que o expôs a um extermínio moral e cultural, que teve sequelas econômicas e demográficas. Contra Abdias se pode dizer que essa realidade não foi, ainda, suficientemente estudada pelos cientistas sociais. Mas ela é conhecida e suas proporções não são ignoradas, pelo conhecimento de senso comum, pela experiência direta de negros e mulatos pobres e por evidências de investigações parciais, que apanham uma ou outra fatia da sociedade brasileira. Portanto, o genocídio ocorreu e está ocorrendo; e é um grande mérito de Abdias Nascimento suscitá-lo como tema concreto. Com isso, ele concorre para que se dê menos ênfase à desmistificação da democracia racial, para se começar a cuidar do problema real, que vem a ser um genocídio insidioso, que se processa dentro dos muros do *mundo dos brancos* e sob a completa insensibilidade das forças políticas que se mobilizaram para combater outras formas de genocídio.

A última contribuição está toda ela concentrada no capítulo 15, de conclusão. Há uma passagem construtiva do diagnóstico e da condenação para sugestões práticas. Fugindo à hipocrisia e à tolerância calculada dos opressores e à impotência dos oprimidos, Abdias Nascimento propõe uma série de medidas que poderiam configurar a construção de um novo futuro no presente. Essas sugestões demarcam a diferença essencial que existe entre uma pseudodemocracia racial e o que deveria ser uma sociedade plurirracial democrática. Muitos dirão que ele se apega a uma utopia e que, sob o capitalismo, nada se conseguirá. Aí está uma discussão acadêmica. Sob o capitalismo é possível fazer algumas transformações e urge partir da ordem existente para fomentar uma democratização profunda de todas as esferas de vida. Sabemos que o Brasil ainda não forma uma comunidade política verdadeiramente nacional (pois a maioria ainda está excluída da participação efetiva e eficiente dos direitos civis e políticos) e que também ainda não é uma sociedade democrática (pois o poder está institucionalmente concentrado no topo das classes possuidoras e de seus setores dirigentes). Nada disso impede que as reivindicações democráticas, igualitárias e libertárias sejam proclamadas e, o que é mais importante, que se lute por sua implantação nas condições existentes. Vistas desse prisma, as proposições de Abdias são congruentes e decisivas. Elas mudam a qualidade das exigências do negro e do mulato, bem como os rumos de sua relação com a revolução democrática na sociedade brasileira.

Não pretendia escrever um prefácio e, de fato, não o fiz. Limitei-me a estreitar as mãos de um companheiro de luta e a solidarizar-me com ele. Acredito que estamos certos e creio, firmemente, que em breve o significado histórico da missão que Abdias Nascimento se impôs será reconhecida e receberá forte apoio de todos aqueles que lutam pela causa da democracia no Brasil.

PREFÁCIO À EDIÇÃO NIGERIANA

Wole Soyinka[1]

O refrão favorito de um meu colega é: nós, os africanos, somos uma raça descuidada. Este suspiro eloquente me ocorreu durante vários trechos de *"Racial Democracy" in Brazil*, de Nascimento. O qual é, talvez, o mais forte argumento a favor de uma constante e continuada reavaliação da posição do negro em qualquer situação social na qual ele se encontre – em seu próprio solo, governado por seu próprio povo, ou transplantado para outras terras, e entre outras raças. De que forma, por exemplo, a não ser como uma descuidada generosidade mental fronteiriça à autonegação de si mesmo, podemos descrever a aceitação, durante o Festac'77, de um delegado das afro-Américas que, a propósito do Primeiro Festival Mundial de Artes e Culturas Negras e Africanas, em Dacar, em 1966, declarou: "no que se refere à dimensão histórica, parece que existe um certo sentimento de inferioridade que é africano. Assim não é possível apresentar um texto histórico correndo paralelo àquele dos países ocidentais"?

Porém, isto é o que os organizadores do Festac fizeram. Não só admitiram o autor daquela afirmação, um branco, como um delegado oficial do Brasil, mas ainda excluíram a participação do professor Abdias Nascimento, um negro que vem persistente e apaixonadamente propondo e demonstrando uma contraopinião a respeito do negro, sua criatividade e sua história.

E este fato, um só entre um milhão de exemplos análogos, fornece seu próprio suporte para a tese justificativa dos argumentos de Nascimento, isto é, que existe uma censura que vai de sutil a aberta, na discussão da anomalia racial que é o Brasil; que a casuística que reforça essa censura é a causa e a escusa da inatividade numa situação que requer ação corretora; ainda mais, que esse processo encoraja e perpetua a anomalia, assim tornando possível, por exemplo, para uma nação africana, numa reunião negro-africana, aceitar como porta-voz de povos negros uma antipática, até mesmo hostil, testemunha da história do negro; e permitir a tal estrangeiro participar em deliberações que crucialmente afetam a autodefinição do negro e o planejamento do seu futuro.

Conforme Nascimento declara em sua introdução, ele não está "interessado em exercer qualquer tipo de ginástica acadêmica, imparcial e descomprometida". O ensaio que segue está, de qualquer maneira, apoiado em selecionada referência cujo propósito central é prover um *background* da formulação intelectual do Brasil branco para explicar uma realidade negra atual que ele estabelece como sua preocupação principal e urgente. Naturalmente, haverá desacordo sobre a análise que Nascimento faz da realidade racial brasileira, tanto historicamente quanto em suas operações contemporâneas. A expressão "genocídio" chocará; sua aplicação, particularmente ao fenômeno do desaparecimento da "mancha negra" no Brasil, talvez parecerá demasiadamente sutil e emotiva. Entretanto, o formidável conjunto de estatísticas narra sua própria história inquietante, e as leis imigratórias citadas, e ainda não revogadas, de seleção racial são clamorosas em sua acusação. Mas, no final das contas, a consideração mais imediata e pertinente para nós, neste momento, indubitavelmente permanece: quem são as testemunhas autênticas da condição do negro nesta etapa da sua história? Será o citado observador do Festival de 1966, ainda uma vez mais um delegado da zona afro-americana? Ou são os artistas e analistas negros como Nascimento, cuja contribuição ao debate, a despeito de ser ele adicionalmente um *visiting scholar* numa universidade nigeriana, foi excluída desse debate por manipulação dos homens fortes da política de seu país?

PRÓLOGO:
A HISTÓRIA DE UMA REJEIÇÃO

Basicamente, este volume reproduz o ensaio que redigi a pedido do professor Pio Zirimu, então diretor do colóquio do Segundo Festival Mundial de Artes e Culturas Negras e Africanas, realizado em Lagos, Nigéria, entre 15 de janeiro e 12 de fevereiro de 1977. O trabalho deveria ser apresentado como conferência pública na série que constituiu um dos pontos altos no desenrolar do colóquio. Este projeto não se concretizou porque o documento foi rejeitado pelo *establishment*, segundo a expressão do próprio professor Zirimu em carta que me escreveu em 15 de dezembro de 1976, apenas quinze dias antes de sua morte. Alguns excertos desta carta foram transcritos à página In Memoriam, onde rendo homenagem a este *scholar* e irmão falecido antes que pudesse assistir à abertura do colóquio, cuja organização lhe consumiu anos de trabalho incansável.

Gostaria de relatar, ainda que resumidamente, a história da recusa do meu trabalho, evento que certamente permanecerá como um capítulo escuso suspenso sobre a cabeça dos responsáveis, especialmente porque os motivos da rejeição continuam ocultos pelo véu do segredo oficial e do mistério.

A imprensa da Nigéria permaneceu solidária com meu protesto e com minha inútil tentativa em desvelar o "mistério". O *Sunday*

Times, edição dominical do *Daily Times*, um dos mais importantes diários do país, iniciou a divulgação da ocorrência publicando ampla reportagem de primeira página a 23 de janeiro de 1977, sob o título-manchete "Professor Explode", assinado por Achike Chuks Okafo. Na primeira edição, à página treze, aparece ainda breve entrevista com o autor, intitulada: "The Blackman's Burden in Brazil" (O Fardo do Negro no Brasil).

Ao fim do artigo sobre a rejeição de *"Racial Democracy" in Brazil: Myth or Reality?*, o *Sunday Times* publicou breve resposta do coronel Ahmadu Ali, ministro da Educação da Nigéria e presidente do colóquio, quando o repórter tentou conseguir uma explicação do acontecido. Inicialmente, o coronel Ali advertiu ainda não se encontrar à frente do colóquio quando se fez a seleção dos trabalhos: só fora nomeado para a função no fim de dezembro. Entretanto, o coronel Ali mencionou as três razões que poderiam causar a recusa de qualquer contribuição, nenhuma das quais se aplicava ao caso, conforme se verificará mais adiante.

Nesta altura dos acontecimentos, o assunto se havia tornado de domínio público e me encontrei assim obrigado a insistir numa resposta que explicasse e/ou justificasse a exclusão do meu trabalho. Escolhi o caminho de uma

>Carta Aberta a S. Excia. Coronel Ahmadu Ali,
>Presidente do Comitê do Colóquio
>
>Senhor Presidente:
>
>Ontem, 23 de janeiro de 1977, o *Sunday Times* publicou uma reportagem relacionada à rejeição do meu trabalho *"Racial Democracy" in Brazil: Myth or Reality?*, o qual foi escrito a pedido do diretor do colóquio, o falecido professor Pio Zirimu. No fim do artigo, respondendo ao repórter, S. Excia. coronel Ahmadu Ali, presidente do Comitê do colóquio e ministro da Educação da Nigéria, apresentou três razões para a rejeição de qualquer trabalho pelo Comitê. Transcrevo da reportagem:

1. Coronel Ali "não estava consciente da rejeição de nenhum trabalho, exceto aqueles que se atrasaram no prazo exigido para a submissão".
2. "Coronel Ali disse ser provável que alguns trabalhos pudessem ter sido recusados por não serem estritamente acadêmicos, ou então
3. Procurarem usar o fórum de discussão para propagar crenças ideológicas (*Sunday Times*, 23 de janeiro de 1977, p. 11).

É óbvio que a rejeição do meu trabalho não se incluiu na primeira razão, desde que o ensaio foi escrito dentro do estrito prazo estabelecido pelo Diretor do colóquio, fato que está claramente manifesto na carta que o falecido professor Zirimu escreveu ao autor em 15 de dezembro de 1976.

Quanto ao segundo item citado por S. Excia. coronel Ali, eu estou plenamente convencido que o trabalho cumpre cabalmente as normas acadêmicas e as exigências do rigor científico; entretanto, o estudo não se imerge naquele vazio jogo escolástico que S. Excia. o general Obasanjo, Chefe de Estado da Nigéria e Grande Patrono do Festac, tão sabiamente condenou no discurso inaugural do colóquio:

> Eu deixo vocês na esperança de que o escolasticismo estéril que frequentemente afoga a criatividade seja mantido sob reserva, e que um esforço positivo será feito para relacionar sua investigação às nossas condições sociopolíticas e econômicas.

Esta advertência contra o "escolasticismo estéril" foi, além do mais, uma das razões que me levaram a propor, na sessão plenária do colóquio de sábado, dia 22 de janeiro de 1977, que esta bela mensagem fosse considerada como documento básico de trabalho, norma na preparação dos relatórios dos vários Grupos em que se dividiram os trabalhos do colóquio.

O terceiro ponto a ser considerado se refere à "propagação de crenças ideológicas". À página 72 do meu trabalho, já distribuído a vários membros do colóquio, inclusive ao presidente coronel Ali, podemos ler que:

Hoje, nós, os negros, rejeitamos qualquer tipo ou forma de "mandato" apresentado pelo homem branco em nosso nome – nem o mandato dos representantes do capitalismo nem de qualquer ideologia político-social, doutrina ou sistema que não seja uma autêntica expressão da experiência negra, assim como dos objetivos culturais, políticos, econômicos e humanísticos da Revolução Africana. Pensamento e ação negro-africanos baseados sobre os valores específicos da África negra, criticamente atualizados e/ou acrescidos de valores de outras origens, corretamente adaptados às necessidades e interesses africanos, devem tomar uma parte agressiva na configuração da civilização ecumênica do futuro. Uma civilização aberta a todos os acontecimentos da existência humana, sem exploradores e explorados, e completamente livre de opressores e oprimidos de qualquer raça ou cor epidérmica. Nós não desejamos transferir para outros a responsabilidade que a história colocou sobre os nossos ombros.

Não há, por isso, lugar para nenhuma dúvida quanto ao conteúdo ideológico mencionado enfaticamente no meu trabalho; ele se encontra em pleno e límpido acordo com a ideologia advogada por S. Excia. o general Obasanjo em seu discurso de abertura deste colóquio:

> Eu deixo vocês com um apelo: encontrem os caminhos e os meios de abrir os impulsos criativos que habilitem os negros individualmente, as nações negras, e as organizações de tais nações, a reconquistar o controle de seus destinos. Somente assim poderá nosso povo contribuir novamente com sua quota ao progresso humano e somente assim poderão eles obter sua justa parte dos recursos do mundo.

Ainda mais: a "ideologia" do meu documento está em completo e claro acordo com outro orador da mesma cerimônia de abertura, S. Excia. o presidente do colóquio, coronel Ahmadu Ali, quando disse: "Nós não podemos decepcionar os africanos e os povos negros... Os povos africanos e negros têm de ser reconhecidos como uma força com a qual o mundo tem de lidar."

Em virtude do que acabamos de expor, não vislumbramos uma razão válida que possa justificar a arbitrária exclusão do meu trabalho, exceto se existirem "razões de Estado" ou "razões ocultas", restringindo a liberdade de criação acadêmica bem como a pesquisa e a discussão, o que, em caso afirmativo, constituiria inadmissível censura se chocando frontalmente com os objetivos básicos deste colóquio.

Lagos, Nigéria
24 de janeiro de 1977

Como única e sintomática resposta à leitura dessa Carta-Aberta no plenário do colóquio, o coronel Ali afirmou mais uma vez não se achar ainda no cargo quando ocorreu a seleção. E nenhuma outra resposta foi jamais conseguida das autoridades do Festac. Nenhuma justificativa, explicação ou esclarecimento se ofereceu ao autor, ao plenário do colóquio, ou ao povo da Nigéria que seguia os lances do caso através dos jornais.

O título de algumas notícias nos fornece uma idéia do clima que rodeava a questão:

1. *Daily Sketch*, importante diário nigeriano, a 26.1.1977: "The Black Prof's Paper" (O Trabalho do Professor Negro), página 5, assinado por Segun Adelugba;
2. *Nigerian Observer* de 28.1.1977: "The Plight of Blacks in Brazil" (A Desgraça dos Negros no Brasil), por Mike Ogbeide;
3. *Nigerian Punch*, em 29.1.1977: "Why Was My Paper Rejected? – Nascimento Asks Colonel Ali" (Por que Meu Trabalho foi Rejeitado? – Nascimento Pergunta ao coronel Ali), página 3, por Nkunda A. Onum;
4. *Daily Times*, em 29.1.1977, "Ideology That Can Suit Our Cause" (Ideologia Apropriada à Nossa Causa), por Bisi Adebiyi;
5. *Sunday Tide*, 30.01.77: "Nascimento Blasts Colloquium" (Nascimento Arrasa o Colóquio), por Fubara David-West.

Naturalmente, o comportamento da imprensa, revelando o interesse tão vivo, ultrapassava os limites da mera curiosidade jornalística a respeito do meu trabalho: considero o fato mais como demonstração de interesse profundo pelo Brasil – o segundo maior país negro do mundo, superado em importância demográfica apenas pela própria Nigéria. Ou talvez tal interesse emergisse da constante evidência da interação econômica com o Brasil que os nigerianos constatam permeando sua vida cotidiana; talvez por causa dos numerosos nigerianos que retornaram do cativeiro no Brasil e formaram um bem conhecido bairro brasileiro, em Lagos. Seja qual for a razão ou razões, o fato é que o interesse no tema das condições do negro no Brasil foi de tal natureza, que os nigerianos e sua imprensa permanecem atentos até mesmo após o encerramento do festival. Por exemplo, o *Daily Sketch*, em seu editorial de 14.2.1977, comentou sob o título "Festac was Grand, But..." (Festac Foi Grande, Porém...):

> O colóquio, peça central do Festac, rejeitou o trabalho *"Racial Democracy" in Brazil: Myth or Reality?*, do professor Nascimento, um negro brasileiro, sem dar razões válidas para fazer isso. O falecido professor Pio Zirimu, o ugandiano diretor do colóquio, foi transcrito dizendo que o "trabalho do professor Nascimento tinha sido rejeitado pelo *establishment*; aparentemente porque ele foi considerado ofensivo para alguns governos ou interesses. Se isto for verdadeiro, então um grande ponto sobre o Festac tem sido ignorado: isto é, ele é mais um acontecimento de povos-para-povos que de governos-para-governos, mesmo que os contingentes nacionais possam ter sido patrocinados por seus respectivos governos (p. 3).

A 18.2.1977, o *Daily Times* publicou uma carta assinada por Olalekan Ajia (Kuti Hall, Universidade de Ibadan), sob o título de "Shadow-Boxing at Colloquium" (Treinando Box no Colóquio) (p. 13), na qual o missivista condena a rejeição do estudo e a maneira sigilosa sob a qual os responsáveis esconderam as razões da decisão.

Pelos motivos salientados pelo *Daily Sketch* em seu editorial, isto é, de que a conferência deveria ser um encontro de povos e indivíduos antes que de governos, este mesmo diário tomou a decisão de transmitir na íntegra, diretamente ao povo da Nigéria, a mensagem dos negros brasileiros contida no trabalho. Assim o *Sketch* publicou o ensaio, dividido em cinco capítulos, nos dias 11, 12, 14, 15 e 16 de fevereiro de 1977, sob o título geral de "The Nascimento Paper" (O Ensaio de Nascimento).

O interesse em torno do "caso" atingiu nível internacional, atravessando as fronteiras da Nigéria. Um exemplo temos no jornalista português António de Figueiredo, que desde Lagos escreveu longo artigo intitulado "Brasil Festac'77", publicado no *Diário Popular*, de Lisboa, em 23.2.1977. Depois de se referir à minha entrevista ao *Sunday Times* como um "olho negro na imagem do Brasil", o cronista prossegue colocando o dedo na ferida: "Significativamente, e com certo escândalo, a comunicação do professor Nascimento, *'Democracia Racial' no Brasil: Mito ou Realidade?*, não foi aprovada…"

Prosseguindo seu raciocínio, o escritor começa a levantar a ponta do véu encobrindo o segredo que envolvia a questão: "Altos interesses diplomáticos, diretamente ligados às crescentes relações brasileiro-nigerianas, levantaram-se e o professor Nascimento recebeu uma resposta de recusa."

Figueiredo ajuda a iluminar as defesas encobertas da ideologia brasileira: "a língua portuguesa e a longa tradição de censura sobre questões raciais têm contribuído para manter o Brasil 'resguardado' da atenção das correntes principais do pan-africanismo e negritude". E então sabiamente adverte o escritor:

> Mas que os nossos amigos brasileiros não se equivoquem acerca da validade da tese do professor Nascimento e aprendam com a experiência portuguesa. […] E embora o racismo entre português e brasileiro tenha a condição de pecado, o que é de fato é que se peca a todo momento.

Em forma de livro mimeografado, o trabalho foi editado pelo Departamento de Línguas e Literaturas Africanas da Universidade de Ifé, e foi distribuído aos participantes do colóquio. Esta edição de duzentos exemplares provocou muita discussão e curiosidade. Uma manifestação do ativo interesse inspirado pelo volume se encontra na proposta de um delegado de Zâmbia ao Grupo de Trabalho IV: Civilização Negra e Consciência Histórica. (Os participantes do colóquio se dividiram em cinco grupos de trabalho a fim de facilitar a discussão tópica das teses apresentadas sob a rubrica de um dos dez subtemas. Entretanto, durante a primeira semana todos os coloquianos se reuniram diariamente, pela manhã, em sessão plenária, para assistir a uma série de conferências públicas, dedicando a parte da tarde aos trabalhos de grupo. Na segunda semana, quase todo dia houve sessões plenárias para discutir os relatórios de grupo e suas recomendações). Assim foi que o delegado de Zâmbia, a 26 de janeiro, propôs na reunião do Grupo IV que se tomasse em consideração, em suas recomendações, as sugestões e a denúncia que eu havia feito através de várias intervenções nos debates do colóquio.

Foi também nesse grupo que o professor Fernando A.A. Mourão, delegado oficial do Brasil, apresentou seu trabalho "*The Cultural Presence of África and the Dynamics of the Sociocultural Process in Brazil*" (A Presença Cultural da África e a Dinâmica do Processo Sociocultural no Brasil)[1], o qual comentarei mais tarde no texto deste volume. O relatório do Grupo IV, preparado pelo relator, dr. Aleme Eshete, da Etiópia, contém o seguinte comentário a propósito dessa contribuição do Brasil:

> O orador brasileiro disse que a cultura africana tanto tem penetrado na sociedade brasileira que hoje é difícil compreender a cultura brasileira sem compreender a cultura africana. Os participantes souberam pelo mesmo autor que o Brasil era uma sociedade multirracial e multicultural. Entretanto, esta afirmação foi fortemente desafiada por outro professor brasileiro,

Nascimento, o qual disse que no Brasil a cor negra era considerada inferior e que os brasileiros com sangue africano sofriam discriminação.[2]

Entre as recomendações aprovadas por esse grupo de trabalho e inscritas no mesmo relatório, havia a seguinte:

> 5. *Contribuição Cultural Africana no Brasil, Suriname e Índia Dravidiana*:
>
> Os membros deste colóquio recomendam que em vista do forte protesto do professor Nascimento, uma investigação seja feita sobre as condições do negro no Brasil, para se verificar se há ou não discriminação contra os negros e a cultura africana.
> Que outras pesquisas sejam realizadas sobre a posição da assimilação e da contribuição dos africanos no Brasil.[3]

No plenário do colóquio do dia 29 de janeiro, discutiram-se o relatório e as recomendações do Grupo IV. Tal sessão constituiu um evento deveras histórico nos anais da imagem internacional do Brasil.

Devo primeiramente mencionar que os delegados oficiais do Brasil – cerca de cinco ou seis – durante o decorrer de todas as sessões plenárias do colóquio, nem por uma única vez se dignaram a abrir a boca para articular qualquer comentário, sugestão, crítica ou emenda ao que se discutia. Eles optaram pela absoluta e total omissão: até mesmo quando a discussão afetava diretamente o Brasil. Em uma das sessões plenárias, propus que o português fosse considerado uma das línguas oficiais em todos os futuros festivais, colóquios ou qualquer outro encontro do mundo negro-africano. Esta proposta se baseava no fato de existir enorme população africana, no continente e fora dele, usando a língua portuguesa: não apenas os sessenta ou mais milhões de descendentes africanos no Brasil, como também os africanos de Angola, Moçambique e Guiné-Bissau. Parece óbvio que tão grande parcela da família africana não deveria ser obrigada a se submeter não só à imposição colonial de uma língua – a portuguesa – mas por acréscimo, ser reconhecida por seus irmãos africanos através do uso compulsório do francês e do inglês exigido, por exemplo, pelos dois festivais, como os únicos idiomas permitidos.

Esta proposta foi aprovada na sessão plenária do dia 29 de janeiro. Aprovação esta obtida sem nenhum apoio da delegação oficial do Brasil, a despeito da consequência imediata que tal medida teria sobre a população negra do país. A proposta teve, não obstante, o suporte e a defesa do dr. Maulana Ron Karenga, ilustre combatente da luta libertária dos negros dos Estados Unidos.

A recomendação n. 5, do Grupo IV, citada anteriormente, foi o único e singular item entre todos discutidos nas sessões plenárias, que mereceu atenção e resposta dos delegados oficiais brasileiros. A discussão deste tópico foi iniciada pelo dr. George Alakija, que leu umas poucas palavras dizendo mais ou menos o seguinte:

> Eu sou representante permanente do governo brasileiro junto ao Festac. [...] Eu sou meio brasileiro e meio nigeriano. A proposta em discussão é de natureza política. O professor Nascimento não é um delegado oficial neste colóquio, por isso não pode fazer nenhuma proposta. [...] Se esta recomendação, de sentido político, for aprovada, ela criará complicações e embaraços nas relações entre o Brasil e a Nigéria.

A ameaça implícita nas palavras do dr. Alakija provocou intensa expectativa no plenário. Foi quando o coronel Ali, presidente do colóquio, proferiu calmamente e com dignidade exemplar a fulminante resposta: "Para a Nigéria, não haverá nenhuma dificuldade e nenhum embaraço."

Em verdade, estava óbvio para o plenário a falta de fundamento na tentativa do delegado oficial brasileiro de afogar a recomendação sob a alegação de que o membro não oficial não tinha autoridade para fazê-la. O autor da recomendação havia sido um delegado oficial africano (de Zâmbia) e fora aprovada por todo o Grupo IV.

Não obstante, o debate prosseguiu no seu curso. Vários delegados se manifestaram antes que a palavra me fosse concedida. Quando enfim pude falar, lamentei, de início, o fato de que em lugar de argumento contrariando minhas afirmações, o delegado oficial do governo brasileiro tivesse simplesmente focalizado, aliás impertinentemente, questão de natureza burocrática no conhecido tom brasileiro de repressão policial. O comportamento do dr. Alakija – como também idêntico comportamento do professor Mourão, no Grupo IV, – exibiram para quem ainda necessitasse de "provas" objetivas do caráter de nossa "democracia racial", o respectivo autêntico e grosseiro *striptease*. Pois diante da assembleia de todo o mundo negro africano, através desses delegados, o Brasil reiterava uma vez mais sua habitual insensibilidade à voz de um descendente africano, tentando silenciá-la. Ainda mais chocante: o Brasil não trepidou em publicamente confirmar sua arrogância face aos países soberanos da África, ameaçando abertamente a Nigéria em seu próprio solo! Voltando à recomendação em debate: não era eu o seu proponente e a considerava desnecessária por já existirem várias pesquisas a respeito, inclusive trabalhos patrocinados pela Unesco e feitos por Florestan Fernandes, Roger Bastide e vários outros. Na ocasião, ofereci ao presidente do colóquio uma lista, feita de memória, com cerca de trinta indicações entre autores e títulos de obras, todas revelando de uma forma ou de outra o racismo subjacente na sociedade brasileira; entre os nomes incluídos, contavam-se os do ganaiense Anani Dzidzienyo, dos norte-americanos Thomas E. Skidmore, Ângela Gilliam, Doris Turner, Carl Degler, da cubana Flora Mancuse Edwards, dos brasileiros Guerreiro Ramos, Álvaro Bomílcar, A. Silva Mello, Thales de Azevedo, Sebastião Rodrigues Alves, Arthur Ramos, Octávio Ianni, Vioti da Costa, Fernando Henrique Cardoso, Romeu Crusoé etc.

Com este fundamento, e como substitutivo à recomendação em apreço, propus o seguinte:

> 5. *O Colóquio recomenda:*
> que o governo brasileiro, no espírito de preservar e ampliar a consciência histórica dos descendentes africanos da população do Brasil, tome as seguintes medidas:
>
> a. permita e promova livre pesquisa e aberta discussão das relações raciais entre negros e brancos em todos os níveis: econômico, social, religioso, político, cultural e artístico;
> b. promova o ensino compulsório da História e da Cultura da África e dos africanos na diáspora em todos os níveis culturais da educação: elementar, secundária e superior;
> c. inclua informações válidas com referência aos brasileiros de origem africana em todos os censos demográficos, assim como em outros indicadores tais como: natalidade e morte, casamento, crime, educação, participação na renda, emprego, mobilidade social, desemprego, saúde, emigração e imigração;
> d. demonstre seu muito autoproclamado interesse e amizade à África independente, concedendo ativo apoio material, político e diplomático aos legítimos movimentos de libertação de Zimbabwe, Namíbia e África do Sul.

Esta redação não foi aprovada, e sim a proposta do delegado de Zâmbia. No entanto, restrito à minha condição de observador, tentei colaborar para que o colóquio atingisse o objetivo para o qual foi estabelecido: a busca de um futuro de melhor qualidade para os africanos e os negros do mundo. Numa outra sessão do colóquio, a assembleia geral discutia o relatório do Grupo I, sobre o tema Civilização Negra e Pedagogia. Basicamente, conforme seu preâmbulo, o relatório tratava da "grande necessidade de definir nossos objetivos e propósitos educacionais para refletir os permanentes e estáveis valores sociais, culturais e econômicos da África"[4].

Notando que o relatório não mencionava os africanos fora do continente, propus ao plenário a seguinte recomendação:

26. Que os governos dos países onde exista significativa população de descendência africana incluam nos currículos educativos de todos os níveis (elementar, secundário e superior) cursos compulsórios que incluam História Africana, Swahili e História dos Povos Africanos na Diáspora.

Outra proposta derrotada aparentemente sob o pretexto de que o relatório se referisse unicamente aos africanos no continente e seus respectivos governos. De qualquer maneira, os delegados ao colóquio ficaram sabendo que no Brasil não existe, em qualquer etapa do ensino – elementar, médio e superior – cursos sistemáticos de História da África, seus povos e suas culturas. Nem os afro-brasileiros, nem os "brancos" brasileiros estão informados dos problemas emergentes da vida africana continental ou na diáspora, sob o ponto de vista da escolaridade. A inclusão do *swahili* enfatizou o apoio dos povos negros na diáspora ao projeto da União dos Escritores Africanos, tão convincentemente defendido por Wole Soyinka em conferência pública no colóquio intitulada "The Scholar in African Society" (O Intelectual na Sociedade Africana). O projeto de selecionar e ensinar uma língua – o *swahili* – para todos os *abibiman* (povos africanos e negros) do mundo é necessidade urgente. Só assim não continuaremos dependendo das elaborações conceituais da Europa para nossa comunicação internacional e entre irmãos. Como imediatamente afirmou o dr. Maulana Ron Karenga, a comunidade negra dos Estados Unidos estava já ativamente engajada na promoção e no ensino do *swahili*, e não há razões para que o Brasil não possa fazer o mesmo. Uma das grandes desvantagens do afro-brasileiro em sua comunicação internacional tem sido a marginalidade da língua portuguesa; com a adoção do *swahili* entre os negros do Brasil, nossa interação com nossos irmãos africanos melhoraria consideravelmente.

A exposição desses vários aspectos da realidade, em matéria de relações raciais brasileiras, contidas tanto no meu trabalho *"Racial Democracy" in Brazil: Myth or Reality?*, como também nas várias intervenções minhas feitas no desenrolar do colóquio, habilitaram a comissão redatora do Relatório das Minorias do colóquio a incluir uma seção sobre o Brasil. O Relatório das Minorias está reproduzido na íntegra, ao final deste volume, como Anexo 1.

Quanto às contribuições dos delegados oficiais do Brasil, elas foram mera repetição da linha tradicional do país: Fernando A.A. Mourão e Clarival do Prado Valladares[5], cada um à sua maneira e em seu campo específico de interesses, deram a bendição ao *status quo* desfrutado pelos afro-brasileiros. René Ribeiro[6], Yeda Pessoa de Castro e seu marido[7], e o dr. Alakija[8], produziram monografias descritivas, de pretenso caráter científico. São trabalhos de cunho acadêmico, naquela orientação que o Teatro Experimental do Negro, desde 1944, vem denunciando como totalmente inúteis às necessidades da população negra brasileira. Tal "ciência" em geral usa o afro-brasileiro e o africano como mero *material de pesquisa*, dissociado de sua humanidade, omitindo sua dinâmica histórica, e as aspirações de sentido político e cultural do negro brasileiro. São estudos de vista curta, em geral considerando os povos africanos e negros como "interessantes" e/ou "curiosos"; tais "estudos" veem o negro apenas na dimensão imobilizada de objeto, verdadeira múmia de laboratório.

O representante permanente do governo brasileiro junto ao Festac, que é também um desses cientistas, merece atenção especial como expressivo exemplo de pesquisa estéril. Estudando o estado de transe na religião afro-brasileira, o dr. George Alakija insiste no uso de rótulos e expressões pejorativas, cunhadas pelo eurocentrismo para descrever essas religiões, tais como "cultos primitivos" (p. 8), "religião animista" (p. 8), ou "aparência mágico-primitiva" (p. 9).

O dr. Alakija, psiquiatra, preocupa-se primariamente com o *cavalo*, o sacerdote afro-brasileiro que entra no estado de transe religioso para receber o orixá. Segundo critério de verdadeira ciência europeia, quando se defronta com uma cultura que ela não compreende, dr. Alakija esquematiza sua interrogação central: "O que podemos dizer sobre os 'cavalos'? São eles sujeitos à histeria ou a similares formas de desequilíbrio, cujo estado patológico é solo fértil para germinação do complexo fenomenal? Estão eles engajados em mistificação?"

Essas questões já foram tratadas e respondidas muito antes por Roger Bastide, especialista da Sorbonne e iniciado no candomblé, com responsabilidade no culto de Xangô. Bastide expõe o valor da "tese sociológica, oposta à tese patológica: o que torna a crise violenta não é o terreno neuropático constituído pelo indivíduo no qual ela explode, mas *o modelo mitológico fornecido pela sociedade ao indivíduo*"9.

Nosso dr. Alakija, não convencido com tais refutações, prefere se entreter no terreno patológico. Suas conclusões classificam o transe espiritual como um estado sofrônico que "não pode ser classificado nem como normal nem como patológico" (p. 4).

O cientista tenta aproximar-se da questão central por ele levantada através da aplicação dos conceitos da *sofrologia*, segundo ele, "uma nova disciplina científica originada em Madri em 1960" (p. 3). Com estes instrumentos, o dr. Alakija analisa o estado de possessão mística. Uma vez mais, a patente aplicação de perspectivas europeias para fenômeno puramente africano e/ou afro-brasileiro, e a monótona repetição do comportamento científico domesticador que floresceu a partir da Europa e dos Estados Unidos desde o século passado.

Nesse aspecto, o dr. Alakija dá continuidade a uma verdadeiramente curiosa linha da "ciência" brasileira: o interesse de quase um século demonstrado pelos *psiquiatras* no estudo das *religiões* afro-brasileiras. Foi Nina Rodrigues o ponto inicial do estudo psiquiátrico classificador do êxtase místico ao nível da histeria, ou manifestação patológica. Arthur Ramos, outro psiquiatra, foi discípulo de Nina Rodrigues e o seu continuador. Atualmente, René Ribeiro e George Alakija corporificam essa tendência que, parece, vai-se tornando uma tradição na psiquiatria brasileira. Deixo o leitor tirar sua própria conclusão do fato, repleto de implicações, de que no Brasil, uma das qualificações para o estudo do negro e das religiões afro-brasileiras, é ser um especialista em psiquiatria...

A tese de Nina Rodrigues, classificando o êxtase religioso como patológico, segundo Alakija (p. 10), baseia-se na Escola Salpetrière, de Paris, famosa na passagem do século XIX para o XX, e inclui a influência dos trabalhos dos doutores Janet e Charcot. O dr. Alakija, trocando Paris por Madri, tem certamente dado um salto radical a partir das santificadas lições de Rodrigues. Entretanto, ele toma precauções para não cair em superentusiasmos de avaliação. Ele conclui assim: "Hoje em dia, não pode haver dúvidas de que as pessoas que recebam tais possessões são mentalmente saudáveis", mas rapidamente acrescenta na mesma frase, cuidando-se de exageros, "[…] embora isso não impossibilite que num ou noutro grupo possa haver indivíduos que apresentem evidentes anomalias patológicas" (p. 10).

Entretanto, não devemos temer o pior. O dr. Alakija fez o exame mental em quinze pessoas, dez "cavalos" de candomblé e cinco médiuns do espiritismo kardecista. Os resultados quanto a "nível de inteligência" e "conhecimento geral" não são terrivelmente desfavoráveis à linha de pensamento estabelecida e sacralizada por Nina Rodrigues:

EXAME MENTAL*

N	Normal	Ab	Anormal	P	Presente
A	Ausente	P	Pobre	L	Baixo
R	Rico	H	Alto	S	Satisfatório

NÚMERO	1	2	3	4	5	6	7	8	9	10	11	12	13	14	15
Sexo	F	M	F	F	F	F	F	F	F	F	F	F	F	M	F
Geral	N	N	N	N	N	N	N	N	N	N	N	N	N	N	N
Comportamento	N	N	N	N	N	N	N	N	N	N	N	N	N	N	N
Fala	N	N	N	N	N	N	N	N	N	N	N	N	N	N	N
Humor	N	N	N	N	N	N	N	N	N	N	N	N	N	N	N
Ilusões	A	A	A	A	A	A	A	A	A	A	A	A	A	A	A
Falsas interpretações	A	A	A	A	A	A	A	A	A	A	A	A	A	A	A
Distúrbios de percepção	A	A	A	A	A	A	A	A	A	A	A	A	A	A	A

Fenômeno compulsivo	A	A	A	A	A	A	A	A	A	A	A	A	A	A
Orientação	N	N	N	N	N	N	N	N	N	N	N	N	N	N
Memória	N	N	N	N	N	N	N	N	N	N	N	N	N	N
Atenção e concentração	S	S	S	S	S	S	S	S	S	S	S	S	S	S
Nível de inteligência	L	L	L	L	L	L	L	L	L	L	L	L	L	L
Conhecimento geral	P	P	P	P	P	P	P	P	P	P	P	P	P	P

* Tabela tomada diretamente da página 11 da monografia. No original, os símbolos para Ausente e Anormal são, respectivamente, Abs e Ab.

Desta breve amostra, podemos concluir da inequívoca identidade do dr. Alakija com a do pesquisador de visão distorcida revivendo nos dia de hoje aquela "perspectiva científica" adotada por Nina Rodrigues, no começo do século. Por coincidência, são ambos mulatos, baianos e psiquiatras. Coincidência que se nos afigura assaz curiosa e interessante...

Ainda um outro delegado oficial do Brasil: Antônio Vieira. Seu trabalho, intitulado "Caminho Vivencial de um Autor Afro-Brasileiro", não foi distribuído no colóquio, assim não nos cabe comentá-lo aqui. Porém, assistimos ao pronunciamento que fez no Grupo de Trabalho I: um rápido comentário sobre sua própria poesia. Quem lê as poesias de Vieira fica impressionado com a nenhuma referência e engajamento do autor com a cultura, o espírito e os problemas dos descendentes africanos no Brasil. Enquanto ouvia Vieira falar, interiormente eu lamentava a ausência de poetas negros brasileiros do porte, por exemplo, de um Oswaldo Camargo ou um Eduardo de Oliveira, vozes fortes da cultura afro-brasileira e das aspirações negras, vozes vitais e não domesticadas pelo *estabelecimento*. Vozes evocadoras do espírito rebelde de um Solano Trindade ou da crítica sutil de um Lino Guedes, todos esses autênticos vates dos negros: da sua vida e da sua morte, das suas esperanças, das suas lutas por liberdade e dignidade.

* * *

Agora devo ser indulgente comigo mesmo e abrir um parêntese para evocar e celebrar certas imagens nostálgicas do Festac. O colóquio revelou-se acontecimento excitante e significativo. Esperemos a pronta divulgação dos trabalhos apresentados e das resoluções tomadas para o conhecimento geral de toda a família negro-africana. Devemos aguardar, principalmente, resultados concretos. Entretanto, o que no colóquio se pensou, se discutiu, se escreveu e se decidiu não deverá, esperemos, ficar encerrado nos arquivos mais ou menos inacessíveis desse histórico encontro da inteligência africana e negra de todas as partes do mundo.

Deste ângulo muito pessoal, e, confessemos, emocional, dificilmente poderia esquecer certas imagens que durante os trabalhos foram captadas por minha sensibilidade, gravadas na memória. Ó, meus irmãos e minhas irmãs! Como esquecer aquela comunicabilidade explosiva do dr. Maulana Ron Karenga, e a segura e discreta competência do dr. Ron Walters, ambos da comunidade negra dos Estados Unidos? E o primeiro encontro, a tanto tempo desejado, com o poeta Mário de Andrade, atualmente no Conselho Nacional de Cultura de Guiné-Bissau? E rever o artista e escritor Mário de Souza Clington, sempre sorrindo a própria inquietação? Não poderia esquecer a palavra brilhante do dr. Hussein M. Adam, da Somália, ou o reencontro com Kofi Awoonor, inescrutável novelista de Gana. E Keorapetse Kgositsile, empunhando a poesia bélica da libertação do seu país: a África do Sul… Foram todos estes momentos de intenso valor espiritual e humano. Porem houve mais: houve a comovente solidariedade de Leo W. Bertley, do Canadá, houve o homem do *jazz* Ted Joans, coberto com o pó, a poesia e o conhecimento histórico de Timbuktu. E o dr. Molefi K. Asante, aquele que derrete a invulnerável neve de Buffalo com o calor do seu espírito fraterno na luta.

Proclamo e celebro agora a única personalidade que realmente galvanizou a assembleia: a dramaturga de Quênia, dra. [Micere M. Githae] Mugo. Sua palavra bela e vibrante ecoará para sempre na lembrança de todos aqueles que a ouviram sob os aplausos tempestuosos dos delegados no colóquio.

E outros encontros aconteceram, outras alegrias emergiram dos corredores, dos salões, dos restaurantes, do imenso Teatro Nacional. E então, chegou a vez de acontecer Ernest Crichlow, o excelente pintor norte-americano, deslumbrado com a sabedoria de certo babalaô de Abeocutá; e aconteceu Ola Balogun carregando no calmo olhar inquieto todos os sonhos do cinema nigeriano; e houve, e aconteceram os brasileiros, o sax extraordinário de Paulo Moura; o "papo" transado em ritmo sutil-irônico de Gilberto Gil e Caetano Veloso; a ânsia trancada na seriedade de Rubem Confete…

E a irmã Thereza Santos! Sua presença me devolveu a emoção de lugares e tempos que se foram: o Rio de Janeiro do teatro negro. Peças e ensaios, a existência tecida em danças, poesia; e no canto e na lágrima, e na esperança forjávamos um lugar para a nossa gente nos palcos brasileiros. Agora você, Thereza Santos, orgulhosamente resgatou sua cidadania original: tornou-se cidadã de Angola e colabora na edificação do teatro revolucionário de sua nova e antiga pátria-mãe…

* * *

Antes da abertura do colóquio, revistas nigerianas me pediram para escrever dois artigos relacionados à participação do Brasil no Festac '77. Ambos estão incluídos neste volume: "Teatro Negro do Brasil: Uma Ausência Ostensiva" (Anexo 2), artigo publicado em *Afriscope*, revista de Lagos, edição especial dedicada ao Festac, janeiro de 1977; e "Arte Afro-Brasileira: Um Espírito Libertador" (Anexo 3), escrita para o número especial sobre o Festac da revista *Ch'Indaba* (antigamente *Transição*), editada por Wole Soyinka.

O texto original deste volume, *"Racial Democracy" in Brazil: Myth or Reality?*, apresentado ao colóquio e rejeitado por meio dos procedimentos oficiosos dos poderes constituídos (descritos e documentados no livro *Sitiado em Lagos*), sofreu pequenas alterações. Foi revisto e acrescentadas novas informações, fatos e comentários.

Gostaria de expressar minha gratidão aos autores citados no texto deste livro, especialmente a Thomas E. Skidmore, Florestan Fernandes e Anani Dzidzienyo, pela fundamental contribuição de seus trabalhos. Também agradeço ao Departamento de Línguas e Literaturas Africanas da Universidade de Ifé, pelo convite como professor visitante e pelo apoio que me deu ao produzir uma primeira edição do presente ensaio em mimeógrafo, o que me propiciou a oportunidade de, ao participar do colóquio, distribuí-lo aos delegados. Minha profunda gratidão ao *Daily Sketch* por seu inequívoco e decisivo apoio durante todo o processo que resultou nesta segunda edição nigeriana do texto. Também estou em débito com Olabiyi Babalola Yai, meu colega, pelas fontes de informação que me forneceu. Meu abraço fraterno a Wole Soyinka, inteligência criativa da cultura revolucionaria da África, pela enérgica solidariedade demonstrada em todo o desdobramento do caso. Finalmente, meu profundo e emocionado agradecimento à minha mulher Elisa, não só pela tradução da edição em inglês e pela datilografia dos textos, mas, sobretudo, por sua total e estimulante participação nesta peripécia nada democrática de demolir mitos anti-históricos.

Em certo momento, na assembleia geral do colóquio, quando os delegados oficiais do Brasil tentavam me silenciar, levantei a voz e me identifiquei não como representante do Brasil, mas como um sobrevivente da República dos Palmares. É nesta qualidade que me reconheço e me confirmo neste trabalho.

A.N. (um quilombola dos Palmares)
Ilé-Ifé, 14 de março de 1977

I.
INTRODUÇÃO

O ensaio que desenvolverei nas páginas a seguir não se molda nas fórmulas convencionalmente prescritas para trabalhos acadêmicos e/ou contribuições científicas. Nem está o autor deste interessado no exercício de qualquer tipo de ginástica teórica, imparcial e descomprometida. Não posso e não me interessa transcender a mim mesmo, como habitualmente os cientistas sociais declaram supostamente fazer em relação às suas investigações. Quanto a mim, considero-me parte da matéria investigada. Somente da minha própria experiência e *situação* no grupo étnico-cultural a que pertenço, interagindo no contexto global da sociedade brasileira, é que posso surpreender a realidade que condiciona o meu ser e o define. *Situação* que me envolve qual um cinturão histórico de onde não posso escapar conscientemente sem praticar a mentira, a traição, ou a distorção da minha personalidade.

O que o leitor encontrará nestas páginas se insere no contexto de um mero testemunho cruzado de reflexões, comentários, críticas e conclusões pertinentes às respectivas etapas do trabalho. O que logo sobressai na consideração do tema básico deste ensaio é o fato de que, à base de especulações intelectuais, frequentemente com o apoio das chamadas ciências históricas, erigiu-se no Brasil o conceito da *democracia racial*; segundo esta, tal expressão supostamente refletiria determinada relação concreta na dinâmica da sociedade brasileira: que pretos e brancos convivem harmoniosamente, desfrutando iguais oportunidades de existência, sem nenhuma interferência, nesse jogo de paridade social, das respectivas origens raciais ou étnicas. A existência dessa pretendida igualdade racial constitui mesmo, nas palavras do professor Thales de Azevedo, "o maior motivo de orgulho nacional" […] e "a mais sensível nota do ideário moral no Brasil, cultivada com insistência e com intransigência"[1]. Na mesma direção laudatória, o *Jornal do Brasil*, do Rio de Janeiro, afirma que "A maior contribuição que nós temos dado ao mundo é precisamente esta da nossa 'democracia racial'"[2].

Este colóquio, cujo escopo fundamental, de acordo com seu diretor, professor Pio Zirimu, "abrange uma visão total da experiência coletiva do homem negro e africano"[3], tem a obrigação essencial de questionar em que extensão este tipo de relações raciais no Brasil constitui uma realidade histórica eficaz, a ponto de inspirar ou sugerir modelos educacionais apropriados ao futuro desenvolvimento dos povos negro-africanos e suas culturas.

Como norma metodológica a ser observada neste trabalho, desejamos inicialmente recusar discutir as classificações comumente mantidas pelas ciências sociais quando tentam definir o negro no Brasil; estas definições designam os brasileiros ora por sua *marca* (aparência) ora por sua *origem* (raça e/ou etnia). Ocorre que nenhum cientista ou qualquer ciência, manipulando conceitos como *fenótipo* ou *genótipo*, pode negar o fato concreto de que no Brasil a *marca* é determinada pelo fator étnico e/ou racial. Um brasileiro é designado *preto, negro, moreno, mulato, crioulo, pardo, mestiço, cabra* – ou qualquer outro eufemismo; e o que todo o mundo compreende imediatamente, sem possibilidade de dúvidas, é que se trata de um *homem-de-cor,* isto é, aquele assim chamado descende de africanos escravizados. Trata-se, portanto, de um *negro*, não importa a gradação da cor da sua pele. Não vamos perder tempo com distinções supérfluas...

Há alguns "cientistas" que de fato ajudam a construir toda uma carreira com a fabricação de novos eufemismos desse porte. Um dos exemplos mais convincentes se encontra no internacionalmente famoso historiador Gilberto Freyre, fundador do chamado *lusotropicalismo*, a ideologia que tão efetivos serviços prestou ao colonialismo português. A teoria lusotropicalista de Freyre, partindo da suposição de que a história registrava uma definitiva incapacidade dos seres humanos em erigir civilizações importantes nos trópicos (os "selvagens" da África, os índios do Brasil seriam documentos viventes desse fato), afirma que os portugueses obtiveram êxito em criar, não só uma altamente avançada civilização, mas de fato um paraíso racial nas terras por eles colonizadas, tanto na África como na América. Significativamente, um dos livros de autoria de Freyre intitula-se *O Mundo Que o Português Criou*. Sua entusiástica glorificação da civilização tropical portuguesa depende em grande parte da teoria de miscigenação, cultural e física, entre negros, índios e brancos, cuja prática revelaria uma sabedoria única, espécie de vocação específica do português. Mário de Andrade, o poeta angolano, foi um dos primeiros a efetivamente refutar este ardil colonizador.

Mais recentemente, o escritor e jornalista português António de Figueiredo, escrevendo desde Lagos, Nigéria, expõe uma vez mais a real natureza do *lusotropicalismo* gilbertofreyreano: "as concepções e práticas de tolerância lusotropicalista foram ultrapassadas e tornaram-se irrisórias. Tolerância, como conceito moral, implicava ainda uma arraigada, ainda que inconsciente, noção de condescendente superioridade racial"[4].

Freyre cunha eufemismos raciais tendo em vista racionalizar as relações de raça no país, como exemplifica sua ênfase e insistência no termo *morenidade*; não se trata de ingênuo jogo de palavras, mas sim de proposta vazando uma extremamente perigosa mística racista, cujo objetivo é o desaparecimento inapelável do descendente africano, tanto fisicamente, quanto espiritualmente, através do malicioso processo do embranquecer a pele negra e a cultura do negro. É curioso notar que tal sofisticada espécie de racismo é uma perversão tão intrínseca ao Brasil a ponto de se tornar uma qualidade, diríamos, natural, do "branco" brasileiro. Como sempre, Freyre ilustra bem a afirmativa: ele considera Oliveira Viana como "o maior místico do arianismo que ainda surgiu entre nós"[5]. Entretanto, conforme observa o crítico Agripino Grieco, *Casa Grande e Senzala*, o livro que o tornou famoso, é marcado por uma influência profunda e direta do pensamento de Oliveira Viana e de Alberto Torres[6]. A natureza inconsciente de tal influência reflete essa postura natural, atitude intrínseca à intelectualidade da elite branca brasileira.

Este fértil criador de miragens não se contentou com a *morenidade*. Sua mais recente façanha está na tentativa de atrelar os africanos ao barco perdido das ilusões colonialistas:

> Daí justificar-se aquele neologismo criado por socioantropólogo brasileiro:
>
> COCOLONIZAÇÃO. Conceito que corresponderia à caracterização do negro africano, a despeito de sua condição de escravo, como cocolonizador do Brasil com considerável influência aculturativa sobre o ameríndio, menos desenvolvido em sua cultura do que o negro africano.[7]

Segundo esse julgamento, os africanos seriam também responsáveis, junto com os europeus, colonizadores do Brasil, pela sistemática erradicação das populações indígenas – ato de genocídio cuja responsabilidade é exclusiva das classes dirigentes, que na sua composição total são de origem branco europeia. As populações indígenas no começo da colonização, conforme as estimativas mais autorizadas, somavam cerca de dois milhões de seres humanos. Atualmente, como resultado ou da extinção direta, com ou sem violência, ou dos métodos de liquidação sutis e indiretos, aqueles números reduziram-se consideravelmente: não excedem a duzentos mil nos cálculos mais otimistas.

Este extermínio das populações indígenas do Brasil constitui ainda hoje um explícito objetivo do governo brasileiro. A 28 de dezembro de 1976, o altamente respeitado *Jornal do Brasil*, do Rio de Janeiro, publicou uma entrevista com o ministro do Interior, Rangel Reis. Seu ministério preside os assuntos indígenas através da Fundação Nacional do Índio (Funai), e na entrevista Reis afirma:

> Vamos procurar cumprir as metas fixadas pelo presidente Geisel para que, através de um trabalho concentrado entre vários ministérios, daqui a 10 anos possamos reduzir para 20 mil os 220 mil índios existentes no Brasil, e daqui a 30 anos, todos eles estarem devidamente integrados na sociedade nacional.[8]

Contra essa política, um sacerdote jesuíta, Egydio Schwade, lança seu grito patético: "Poucos povos do mundo possivelmente terão conseguido resistir tanto tempo e com tão poucos recursos a uma sociedade tão bárbara e tão covarde que os invade, como o têm conseguido os bravos Waimiri-Atroari"[9]

Enquanto isto ocorre, a fertilidade ideológica de Freyre, não contente em simplesmente implicar os africanos nesse genocídio dos índios, continua sua euforia autodeslumbrada, agora cunhando o próprio "mestre" um novo neologismo: a *metarraça*, o último, assim parece, produto da sua fantasia. A *metarraça* significaria o além-raça, suposta base da consciência brasileira. Atingiríamos, nesse ponto do nosso desenvolvimento demográfico, uma síntese suprema: *a morenidade metarracial*, oposta aos conceitos fornecidos por arianismo e negritude, ambos classificados como racistas por Gilberto Freyre[10]. É oportuno transcrever uma frase do historiador Thomas E. Skidmore comentando a total inutilidade, aos interesses do negro brasileiro, dos trabalhos de Freyre: "O valor prático de sua análise não estava, todavia, em promover o igualitarismo racial. A análise servia, principalmente, para reforçar o ideal do branqueamento."[11]

Os sofismas gilbertofreyreanos trazem ainda à mente certa passagem de Frantz Fanon: "Nesta etapa, o racismo não se atreve mais a aparecer sem disfarce. Ele está inseguro de si mesmo. Em número sempre crescente de circunstâncias, o racista se esconde. [...] O propósito do racista já se tornou um propósito assombrado pela má consciência."[12]

De fato, tanto o paternalismo quanto o neocolonialismo e o racismo que permeiam a obra de Gilberto Freyre são mais perniciosos que todo seu elenco de eufemismos. Batizados estes de *morenidade*, *metarraça* ou qualquer outro nome que sua imaginação possa fantasiar, a farsa de Gilberto Freyre se desarticula na condição de seu próprio raciocínio e de suas próprias palavras; pois o paladino das mestiçagens etnoculturais afirma que estas ocorrem entre os brasileiros "sem que signifique repúdio à *predominância* de valores culturais europeus na formação brasileira"[13] (grifos meus).

O destacado sociólogo brasileiro Florestan Fernandes escreveu o seguinte a respeito do trabalho de Freyre:

> Todos os que leram Gilberto Freyre sabem qual foi a dupla interação [entre senhores e escravos], que se estabeleceu nas duas direções. Todavia, em nenhum momento essas influências recíprocas mudaram o sentido do processo social. O negro permaneceu sempre condenado a um mundo que não se organizou para tratá-lo como ser humano e como "igual".[14]

Devo observar de saída que este assunto de "democracia racial" está dotado, para o oficialismo brasileiro, das características intocáveis de verdadeiro tabu. Estamos tratando com uma questão fechada, terreno proibido sumamente perigoso. Ai daqueles que desfaziam as leis deste segredo! Pobres dos temerários que ousarem trazer o tema à reflexão ou mesmo à análise científica! Estarão chamando a atenção para uma realidade social que deve permanecer escondida, oculta. Certamente, como sugeriu o antropólogo Thales de Azevedo, para que não "despertemos as supostas vítimas". De acordo com um estudo-pesquisa do *scholar* ganês Anani Dzidzienyo, publicado pela Minority Rights Group, de Londres, intitulado *The Position of Blacks in Brazilian Society* (A Posição do Negro na Sociedade Brasileira), existe uma *etiqueta* envolvendo as relações de raça no Brasil, a qual permeia a sociedade que faz dela uma prática consuetudinária:

> Esta etiqueta dita fortemente contra qualquer discussão, especialmente em forma controvertida, da situação racial, e assim ela efetivamente ajuda perpetuar o modelo de relações que tem existido desde os dias da escravidão. Tradicionalmente se espera que os negros sejam gratos aos brancos por generosidades que lhes foram concedidas, e que continuem dependendo dos brancos que agem como patronos e benfeitores deles; também se espera que os negros continuem aceitando os brancos como porta-vozes oficiais da nação, explicando aos estrangeiros a natureza "única" das relações raciais brasileiras. A etiqueta decreta também que os sofismas oficiais usados para descrever a situação brasileira como uma "democracia racial" sejam aceitos sem discussão, enquanto a análise crítica e a discussão aberta deste delicado assunto são fortemente desencorajadas.[15]

Se omitíssemos certas palavras ou expressões como "relações raciais brasileiras" e "democracia racial", seria difícil distinguir, no retrato social de Dzidzienyo, se ele se refere ao Brasil ou ao sul dos Estados Unidos, tal a semelhança de características entre ambos.

Essa análise, no que se refere ao Brasil, tem sua confirmação em Thales de Azevedo: "a democracia [racial] é subtraída à discussão científica como ideologia e racionalização que é de uma realidade possivelmente ilusória". No mesmo livro desse antropólogo encontramos mais tarde sua conclusão: "a pretendida democracia racial realmente é uma ficção ideológica"[16].

Afortunadamente, alguns estudiosos brasileiros e estrangeiros vêm, por amor à verdade e à justiça social, se armando da necessária audácia e temeridade e para desafiar o oculto, realizando a exegese do nosso processo étnico-racial. Podemos encontrar exemplos dessa coragem intelectual tanto no passado, com Luís Gama, José do Patrocínio, os irmãos Rebouças, e Álvaro Bomílcar, como atualmente, com Guerreiro Ramos, Florestan Fernandes, Roger Bastide, Anani Dzidzienyo e Thomas E. Skidmore. Estes e uns poucos mais trouxeram à luz da análise científica e da crítica o esotérico organismo dessa "democracia racial" tão compulsória quanto dogmática. Entretanto, a investigação dos cientistas e intelectuais citados, enquanto não possuindo a virtude de transformar as estruturas da sociedade que dão suporte às relações de raça, permanecerá como importante contribuição à equação e solução dessa grave situação patológica. Desde os primeiros tempos da vida nacional aos dias de hoje, o privilégio de decidir tem ficado unicamente nas mãos dos propagadores e beneficiários do mito da "democracia racial". Uma "democracia" cuja artificiosidade se expõe para quem quiser ver; só um dos elementos que a constituiriam detém todo o poder em todos os níveis político-econômico-sociais: o branco. Os brancos controlam os meios de disseminar as informações; o aparelho educacional; eles formulam os conceitos, as armas e os valores do país. Não está patente que neste exclusivismo se radica o domínio quase absoluto desfrutado por algo tão falso quanto essa espécie de "democracia racial?"

Os efeitos negativos desse exclusivismo se expressam de formas várias, inclusive no veículo condutor básico de uma cultura e sua cosmovisão: a língua. A definição da palavra *negro* nos oferece um exemplo limite; na mais proeminentemente autorizada tradução inglês-português, o *New Appleton Dictionary of the English and Portuguese Languages*, encontramos as seguintes definições:

black (blæk). I. s., preto, negro (cor, raça); mancha; luto. -*in* bl. (com.) com saldo credor do lado do haver. sem dívidas. II. a., preto, negro, escuro; sombrio; lúgubre; tétrico; tenebroso; sinistro; mau; perverso; hostil; calamitoso; desastroso; mortal; maligno. III. vt e vi., enegrecer; pintar de preto; engraxar (sapatos etc.) de preto; desenhar em negro; manchar; difamar. [...]

O português "negro", traduzido para o inglês, é assim definido:

negro, -gra ('negru, -gra). 1. a., black (also fig.); dark; (anthropol.) Negro; somber, gloomy, funeral; shadowy, tenebrous; sinister, threatening; cloudy, obscure, stormy; ominous, portentous; horrible, frightening; adverse, hostile; wretched, odious, detestable.[17]

Numa rápida comparação entre ambas definições, um aspecto ressalta impressivo: que a definição da palavra *negro* em português revela uma carga mais forte e violenta de conotações pejorativas. E isso nos conduz à pergunta: qual dos dois termos, o norte-americano ou o brasileiro, apresenta maior intensidade de racismo subjacente?

II.
ESCRAVIDÃO:
O MITO DO SENHOR BENEVOLENTE

Certa vez um etnólogo disse que "o caminho do progresso é cheio de aventuras, rupturas, e escândalos"[1]. Devemos, assim, começar examinando o maior de todos os escândalos, aquele que ultrapassou qualquer outro na história da humanidade: a escravização dos povos negro-africanos.

No Brasil, é a escravidão que define a qualidade, a extensão, e a intensidade da relação física e espiritual dos filhos de três continentes que lá se encontraram: confrontando um ao outro no esforço épico de edificar um novo país, com suas características próprias, tanto na composição étnica do seu povo quanto na especificidade do seu espírito – quer dizer, uma cultura e uma civilização com seu próprio ritmo e identidade.

O ponto de partida nos assinala a chamada "descoberta" do Brasil pelos portugueses, em 1500. A imediata exploração da nova terra se iniciou com o simultâneo aparecimento da raça negra, fertilizando o solo brasileiro com suas lágrimas, seu sangue, seu suor e seu martírio na escravidão. Por volta de 1530, os africanos, trazidos sob correntes, já aparecem exercendo seu papel de "força de trabalho"; em 1535 o comércio escravo para o Brasil estava regularmente constituído e organizado, e rapidamente aumentaria em proporções enormes. Como primeira atividade significativa da colônia portuguesa, as plantações de cana-de-açúcar se espalhavam pelas costas do nordeste, especialmente nos estados da Bahia e Pernambuco. Só a Bahia, lá por 1587, tinha cerca de 47 engenhos de cana-de-açúcar, fato que bem ilustra a velocidade expansionista da indústria açucareira desenvolvida com o uso da força muscular africana. Uma canção de trabalho incluída no artigo de Zora Seljan, "A Poesia Negra Popular no Brasil", nos fornece o sentido do ritmo dos engenhos de açúcar:

SOLO: Engenho novo está p'ra moer!
CORO: Trabalhar até morrer!
Ô trabalhar, ô trabalhar, olé! Trabalhar até morrer![2]

Por quase duas centúrias, a plantação de cana-de-açúcar e seu processamento requerem a concentração de escravos na região nordestina do Brasil, embora os africanos estivessem espalhados por todo o território nacional. As descobertas de ouro e diamantes no século XVIII no estado de Minas Gerais deslocam o ponto focal dos escravos africanos mais para o sul. O mesmo fenômeno se repetiria quando, na primeira metade do século XIX, a queda da produtividade das minas e o início do chamado ciclo do café, cujas plantações se localizavam principalmente nos estados do Rio de Janeiro e São Paulo, outra vez dirigiu a migração escrava mais para o sul.

É quase impossível estimar o número de escravos entrados no país. Isto não só por causa da ausência de estatísticas merecedoras de crédito, mas, principalmente, consequência da lamentável Circular n. 29, de 13 de maio de 1891, assinada pelo ministro das Finanças, Rui Barbosa, a qual ordenou a destruição pelo fogo de todos os documentos históricos e arquivos relacionados com o comércio de escravos e a escravidão em geral. As estimativas são, por isso, de credibilidade duvidosa. Há uma estimativa cujos números me parecem abaixo do que seria razoável, dando 4 milhões de africanos importados e distribuídos conforme as seguintes proporções, aproximadamente: 38% para o porto do Rio de Janeiro, de onde eles foram redistribuídos para os estados do Rio de Janeiro, Minas Gerais e Goiás; 25% para o estado da Bahia; 13% para o estado de Pernambuco; 12% para o estado de São Paulo; 7% para o estado do Maranhão, e 5% para o estado do Pará[3].

O papel do negro escravo foi decisivo para o começo da história econômica de um país fundado, como era o caso do Brasil, sob o signo do parasitismo imperialista. Sem o escravo, a estrutura econômica do país jamais teria existido. O africano escravizado construiu as fundações da nova sociedade com a flexão e a quebra da sua espinha dorsal, quando ao mesmo tempo seu trabalho significava a própria espinha dorsal daquela colônia. Ele plantou, alimentou e colheu a riqueza material do país para o desfrute exclusivo da aristocracia branca. Tanto nas plantações de cana-de-açúcar e café e na mineração, quanto nas cidades, o africano incorporava as mãos e os pés das classes dirigentes que não se autodegradavam em ocupações vis como aquelas do trabalho braçal. A nobilitante ocupação das classes dirigentes – os latifundiários, os comerciantes, os sacerdotes católicos – consistia no exercício da indolência, no cultivo da ignorância, do preconceito, e na prática da mais licenciosa luxúria.

Durante séculos, por mais incrível que pareça, esse duro e ignóbil sistema escravocrata desfrutou a fama, sobretudo no estrangeiro, de ser uma instituição benigna, de caráter humano. Isto graças ao colonialismo português que permanentemente adotou formas de comportamento muito específicas para disfarçar sua fundamental violência e crueldade. Um dos recursos utilizados nesse sentido foram a mentira e a dissimulação. A consciência do mundo guarda bem viva a lembrança do colonialista Portugal encobrindo sua natureza racista e espoliadora através de estratagemas como a designação de "Províncias de Ultramar" para Angola, Moçambique e Guiné-Bissau; como as leis do chamado *indigenato*, proscrevendo, entre outras indignidades, a assimilação das populações africanas à cultura e identidade portuguesas. Essa rabulice colonizadora pretendia imprimir o selo de legalidade, benevolência e generosidade civilizadora à sua atuação no território africano. Porém, todas essas e outras dissimulações oficiais não conseguiram encobrir a realidade, que consistia no saque de terras e povos, e na repressão e negação de suas culturas – ambos sustentados e realizados, não pelo artifício jurídico, mas sim pela força militar imperialista.

Semelhantes distorções da realidade são comuns no "mundo que o português criou", sempre na tentativa de erigir uma fachada mascarando a ideologia imperialista. Não são fatos apenas do passado. Nos dias de hoje, no Brasil, herdeiro das tradições escravagistas de Portugal, pratica-se impunemente falsificações dos fatos históricos. Dante de Laytano, por exemplo, em publicação oficial do Ministério da Educação e Cultura (Campanha de Defesa do Folclore), afirma que

> A entrada do negro no Brasil foi simultânea com a descoberta do país. Ele conhecia a escravidão, cultivava-a, e praticava-a como um sistema político. A escravidão era praticada na própria África. *Os próprios africanos transplantaram-na para a América*.[4] (Grifos meus.)

Aqui temos, reunidos à agressão, o desrespeito humano e histórico, como um evento normal, já que se pratica tudo isto com frequência e extensamente. Dir-se-ia que a força da repetição mutilou a capacidade de percepção e compreensão de certas pessoas. Consideremos outra amostra, o crítico Clarival do Prado Valladares, ex-membro do Conselho Federal de Cultura. Foi ele membro do júri de premiação do Primeiro Festival Mundial de Artes Negras, em Dacar, 1966, e atualmente é o coordenador-geral da representação governamental brasileira ao Segundo Festival Mundial de Artes e Cultura Negras e Africanas, em Lagos, realizado entre 15 de janeiro e 12 de fevereiro de 1977. Após retomar ao Brasil do festival de Dacar, em 1966, Valladares publicou o seguinte julgamento em artigo sintomático intitulado *A Defasagem Africana ou Crônica do Primeiro Festival de Artes Negras*: "Os brancos não caçavam os negros na África, mas os compravam pacificamente dos tiranos negros." Prossegue afirmando que "Assim não é surpresa que a melhor compreensão e análise da África não é encontrada entre os africanos", porque "no que diz respeito à dimensão histórica, parece existir um certo *sentimento de inferioridade que é africano*. Por isso não é possível apresentar um texto histórico correndo paralelo àqueles dos países ocidentais" (grifos meus)[5].

Uma observação que nos ocorre imediatamente à leitura deste trecho é aquela referência a uma suposta *inferioridade* africana: não seria também verdadeira a recíproca, isto é, que Valladares exibe, sem nenhum pudor, seu sentimento de superioridade que é europeu? Por essas e outras razões inconfessáveis, tem-se distorcido o passado africano; por motivos e interesses análogos, intelectuais desse tipo teceram um véu de silêncio a respeito das circunstâncias que envolveram a sorte de cerca de cem milhões de africanos (estimativa do falecido escritor Richard Wright), os quais foram criminosamente escravizados ou assassinados pelas armas dos colonizadores ocidentais; força armada utilizada também para proteger o roubo das terras africanas, a ocupação do seu território através da ameaça e da corrupção dos chefes tribais; ainda a força armada garantiu a apropriação indébita da riqueza mineral da África e dos seus tesouros artísticos que ainda hoje se exibem como peças pertencentes a famosos museus europeus. Não mencionam, esses escritores de tão ligeiros julgamentos do continente negro, as fortalezas das potências imperialistas edificadas ao longo das costas africanas como apoio logístico ao permanente estado de terror em que eram mantidas suas populações. Tais juizes da África fingem ignorar a muralha de silêncio erguida pelos opressores em torno da história africana para que pudessem manipular sua própria e conveniente versão do continente "escuro, misterioso e selvagem".

Outro dos mitos de conveniência inventados para mitigar a consciência de culpa do opressor e minimizar acusações contra ele, é o mito que apregoa um alto grau de bondade e humanidade na escravidão praticada na católica América Latina: as colônias espanholas e portuguesas. Nestas, o caráter do regime escravocrata seria o oposto daquele existente nas colônias inglesas na América, especialmente nos Estados Unidos. Este mito, tão propagado nos séculos passados, ainda hoje tem seus adeptos. Entre os seus vários propagadores atuais, consta o nome de Hortensia Ruiz deI Vizo, que na introdução à sua antologia *Black Poetry of the Americas* (Poesia Negra das Américas), que inclui obras poéticas de autores brasileiros, afirma que "A escravidão na América espanhola colonial não foi tão dura como a mesma instituição na América Inglesa. [...] Várias influências [...] mitigaram a dureza da instituição. Uma destas foi a influência da Igreja Católica"[6]. Este mito constitui mais uma entre as incontáveis manipulações que têm contribuído ao sucesso da propagação de outro mito: a "democracia racial".

Em verdade, o papel exercido pela Igreja Católica tem sido aquele de principal ideólogo e pedra angular para a instituição da escravidão em toda sua brutalidade. O papel ativo desempenhado pelos missionários cristãos na colonização da África não se satisfez com a conversão dos "infiéis", mas prosseguiu, efetivo e entusiástico, dando apoio até mesmo à crueldade, ao terror do desumano tráfico negreiro. Um famoso jesuíta, o padre Antônio Vieira, célebre orador sacro, na Bahia de 1633 pregava aos escravos nestes termos:

> Escravos, estais sujeitos e obedientes em tudo a vossos senhores, não só aos bons e modestos, senão também aos maus e injustos [...] porque nesse estado em que Deus vos pôs, é a vossa vocação semelhante à de seu Filho, o qual padeceu por nós, deixando-vos o exemplo que haveis de imitar.[7]

Vieira, tido e havido como exemplo da piedade e caridade cristãs entre os católicos, aconselhava aos cativos:

Deveis dar infinitas graças a Deus por vos ter dado conhecimento de si, e por vos ter tirado de vossas terras, onde vossos pais e vós vivíeis como gentios, e vos ter trazido a esta, onde, instruídos na fé, vivais como cristãos e vos salveis.[8]

Se o desejo maior dos cristãos é a salvação pela imitação de Cristo, soa estranho que o pio sacerdote não tenha pregado o martírio da escravidão para os brancos europeus. Segundo sua lógica, este seria o caminho direto para o céu. Mas o raciocínio de Vieira não passava de mera ideologia à serviço do opressor, e se ele era um sacerdote católico, o outro ramo do cristianismo – o ramo protestante – atuou na mesma direção. Com quase idênticas palavras, o pastor inglês Morgan Goldwin dogmatizava àquela época:

> O cristianismo estabeleceu a autoridade dos senhores sobre seus servos e escravos em tão grande medida como a que os próprios senhores poderiam havê-la prescrito [...] exigindo a mais estrita fidelidade [...] exigindo que se os sirva com o coração puro como se servissem a Deus e não a homens [...] E está tão longe de fomentar a resistência que não permite aos escravos a liberdade de contradizer ou a de replicar de forma indevida a seus senhores. E lhes promete a recompensa futura no céu, pelos leais serviços que tenham prestado na terra.[9]

Tais são os exemplos da "mitigação" dispensada pelas igrejas católica e protestante aos escravizados. Fica evidente que a ideologia expressa por Vieira, da aceitação humilde pelo escravo de toda sorte de abusos, mesmo os "maus e injustos", não faz mais concessões à desgraçada vida diária do cativo do que aquela assumida pelo sacerdote protestante. Cristianismo, em qualquer das suas formas, não constituiu outra coisa que aceitação, justificação e elogio da instituição escravocrata, com toda sua inerente brutalidade e desumanização dos africanos.

O mito da influência humanizadora da Igreja Católica procura exonerá-la de suas implicações na ideologia do racismo sobre a qual a escravidão se baseava. A atitude da igreja relativamente ao negro-africano pode ser iluminada por outro sermão do mesmo padre Vieira, este pregado em Lisboa em 1662: "Um etíope que se lava nas águas do Zaire, fica limpo, mas não fica branco: porém na do batismo sim, uma coisa e outra."[10]

Segundo a oratória de Vieira, as águas do batismo cristão possuíam as diversas virtudes justificativas do escravizamento do africano e, mais ainda, tinham o poder mágico de erradicar sua própria raça – um *desraçado* limpo e branco! O racismo óbvio implícito e explícito no conceito dessas águas místicas que tornariam o africano num branco-europeu, estado considerado pela igreja como limpo e patentemente superior ao negro-africano, imediatamente destrói certas alegações de que o cristianismo e, especificamente, o catolicismo, eram inocentes neste assunto de racismo.

Os defensores da tese da escravidão "menos dura" no Brasil do que em outras partes das Américas frequentemente citam como apoio ao seu ponto de vista a formação e o encorajamento das "nações" étnicas e das fraternidades religiosas.

As nações, organizações de escravos baseadas frouxamente sobre laços étnicos, eram espécies de cooperativas de socorro mútuo ou sociedades de ajuda, com implicações de cunho social e cultural. Instituídas pelas autoridades oficiais, às vezes provocavam reações de desapreço em certa classe de pessoas. Na Bahia, há o exemplo de vigorosos protestos contra "negros e negras vestidos de penas, rosnando toadas africanas e fazendo bárbaro rumor com seus instrumentos rudes"[11]. A cena descrita por esse brasileiro indignado é a de um *batuque:* uma das frequentes, ou ao menos periódicas, celebrações promovidas pelas "nações" sob a aprovação das autoridades governamentais; o festival tinha sua ênfase na música, no canto, na dança, africanos. O fato desses folguedos terem sido não só permitidos, como também encorajados, pelos dirigentes da colônia, tem sido enfatizado pelos crentes no mito da escravidão benevolente como mais um ponto de reforço à sua fé. Isto provaria a tolerância dos senhores para com seus escravos. Muito diferente crença a este respeito professavam os funcionários da corte portuguesa no Brasil colônia. Um deles, o conde dos Arcos, expressou francamente na Bahia os motivos da permissão que ele concedia às celebrações de caráter africano:

> Os *batuques* vistos pelos olhos dos funcionários governamentais são uma coisa; para os indivíduos particulares são outra completamente diferente. A diferença é profunda. Estes veem o *batuque* apenas como uma prática que vai contra o respeito dominical [...] Para o governo, porém, o *batuque* é um ato que, uma vez por semana, força todos os negros – automaticamente e sem conhecimento consciente – a renovar aqueles sentimentos de aversão mútua que eles têm por concedido desde o nascimento, mas que tendem gradualmente a desaparecer na atmosfera geral de degradação que é sua carga em comum. Esses sentimentos de hostilidade mútua podem ser vistos como a mais poderosa garantia que as maiores cidades do Brasil desfrutam. Suponha que um dia as várias nações africanas esquecessem sua tradição de ódio, inculcado de uma para outra. Suponha que os daomeanos e os nagôs, os gêges (ewes) e os haussás, os tapas e os congos, se tornassem amigos e irmãos: o resultado seria uma espantosa e inelutável ameaça ao Brasil, que terminaria com a desolação do país inteiro.[12]

Outra instituição também arrolada para fundamentar a suposta benignidade da nossa escravidão não racista são as fraternidades religiosas mantidas pelo cristianismo. Diégues Jr., membro do conselho Federal de Cultura, em trabalho oficial apresentado pelo Brasil ao Festac '77, em Lagos, reitera a opinião tradicional ao focalizar essas corporações religiosas:

> Cada igreja que se fundava, logo surgiam uma irmandade dos brancos, em geral a do Santíssimo Sacramento, e uma irmandade dos negros, quase sempre a de Nossa Senhora do Rosário. Esta divisão não constituía a rigor uma discriminação racial, antes social, face à situação do negro como escravo. Era, portanto, uma

forma de estratificação, menos pela cor propriamente, antes pela posição social, decorrente do regime escravagista.[13]

Este tipo de racionalização constitui um modelo da ideologia das classes governantes tentando o impossível: provar a ausência do racismo na sociedade escravista. A maliciosa artificialidade do argumento, apresentando a estratificação social como oposta à racial, não resiste à mais superficial análise, já que era o fator racial que determinava a posição social. Foram escravizados os africanos (negros), e não os europeus (brancos). Este é o fato histórico que conta.

O verdadeiro caráter e função das fraternidades religiosas mereceu a compreensão de Roger Bastide, que o explicou da seguinte maneira:

> sabemos que os europeus enviavam seus escravos delinquentes para esses governadores das organizações africanas a fim de serem julgados, sentenciados, e punidos. Dessa maneira desviavam o ressentimento que o escravo, de outra maneira, sentiria contra o seu senhor, enquanto este poderia contar com a manutenção da boa ordem entre seu "rebanho" [...] Nos países católicos esta função disciplinar era monopólio das fraternidades religiosas[14].

Há ainda outra lenda justificadora da tese da "democracia racial" no Brasil: ela se localiza na mistificação da sobrevivência cultural africana. Este fundamental argumento se reveste de grave perigo, pois seu apelo tem sido sedutor e capaz de captar amplo e entusiástico suporte. Postula o mito que a sobrevivência de traços da cultura africana na sociedade brasileira teria sido o resultado de relações relaxadas e amigáveis entre senhores e escravos. Canções, danças, comidas, religiões, linguagem, de origem africana, presentes como elemento integral da cultura brasileira, seriam outros tantos comprovantes da ausência de preconceito e discriminação racial dos brasileiros "brancos". Os beatos desta tese são muitos: eles constituem uma tradição no pensamento brasileiro. A ênfase da corrente principia com Gilberto Freyre na década de 1930 e tem hoje sua continuidade no país e até na própria África com a pregação de Pierre Verger na Universidade de Ifé[15].

Verger se revela um prestimoso acólito dos porta-vozes da tradição naquilo que se convencionou chamar de estudos sobre o negro e o africano, entre os quais têm lugar relevante os já citados Freyre, Luís Viana Filho e outros. Apoiando seu raciocínio, típico da tendência conservadora, Pierre Verger reitera essa mistificação das sobrevivências culturais da seguinte maneira:

> Especialmente durante o período da escravidão, raramente se poderia encontrar uma criança branca que não tivesse sido criada por uma ama negra, que a amamentava, ninava-a para dormir em seus braços ou na rede, e ensinava a ela as primeiras palavras em português estropiado. Indubitavelmente a criança aprendia a falar, mais frequentemente, com a ama ou com a criada-de--quarto, do que com os próprios pais. (p. 9)

depois,

> a mais frequente diversão participada pelos convidados em festas particulares eram danças de origem africana. Os observadores pareciam se deleitar com essas demonstrações coreográficas e saudavam os dançarinos com entusiásticos aplausos. [...] quando os africanos estavam se divertindo em seu tempo livre, negros crioulos e mulatos se juntavam a eles, e todos dançavam da mesma maneira, o que levou [Koster] a acreditar que essas danças eram tão representativas do Brasil quanto o eram da África. (p. 11)

Após demonstrar que,

> se é verdade que os escravos foram europeizados através do contato com seus senhores, é igualmente verdade que o mesmo senhor português em retorno sofreu um processo de africanização através do contato com seus escravos, (p. 9)

Verger conclui ser o Brasil um amálgama racial harmonioso na qual não existe preconceito ou discriminação demonstrada por brancos contra descendentes africanos: *nem* culturalmente, *nem* economicamente, *nem* socialmente. Ele afirma:

> Os brasileiros têm orgulho dos seus traços nacionais, determinados pelo vigoroso cruzamento de sangue e o antirracismo. De qualquer maneira esta é a visão defendida intrepidamente pelos representantes do governo em conferências internacionais. Consequentemente os brasileiros se recusam aceitar a existência de minorias culturais ou raciais em seu território nacional. Todo mundo é brasileiro, qualquer que seja sua cor ou origem. (p. 12) […] Esta preocupação em aceitar toda contribuição, *sem qualquer distinção*. seja ela europeia, ameríndia, ou africana, é certamente merecedora de elogio. (p. 13) […] O papel relevante desempenhado pelas religiões africanas na conquista de um *aceitável status social no Brasil* para os descendentes africanos está além de todos os elogios. (p. 15) (Grifos meus.)

Com a imagem da "mãe preta" aleitando a criança branca, Verger tipifica as evocações de sentimentalismos piegas, de barato apelo emocional, que são características dessa escola de pesquisadores. Não conseguem, entretanto, obscurecer a natureza brutal e racista do sistema escravagista, *exceto para aqueles que têm interesse em não querer ver*. Digna de nota é a coincidência de idênticas imagens sentimentais serem invocadas pelos apologistas da escravidão num país com o qual o Brasil tão insistentemente tenta contrastar-se no que se refere à experiência escravocrata: os Estados Unidos. Neste, também, a criança branca mamou no seio preto das "Black Mammies". Os "Uncle Toms" e as "Aunt Jemimas" da América do Norte foram criados e usados para ocultar análoga vergonha àquela que a Mãe Preta e o Pai João eram destinados a velar no Brasil.

Quanto às sobrevivências culturais citadas para "provar" um "antirracismo" brasileiro, elas são apenas resultados diretos dos mecanismos de controle social exercidos pelos senhores sobre seus escravos. Já examinamos as "nações" e os *batuques*, instituições urbanas responsáveis pela "penetração" de cantos, danças, e outras manifestações culturais nas cidades. O mesmo critério descrito com referência a eles se aplica também aos africanos e seus descendentes escravizados no interior rural. Nas palavras de Roger Bastide:

> Se o folclore negro tem sobrevivido, é porque a assustadora taxa de mortalidade entre os negros escravos forçara seus senhores a permitir aos trabalhadores do campo desfrutarem os domingos e dias santos. Estes feriados, durante os quais eles ficavam livres para se divertirem como lhes agradasse, formaram o contexto institucional dentro do qual cantos, danças, e outras várias manifestações de arte africana (música em particular) puderam ser preservadas.[16]

Proprietários e mercadores de escravos no Brasil, a despeito das várias alegações em contrário, em realidade submeteram seus escravos africanos ao tratamento mais cruel que se possa imaginar. Deformações físicas resultantes de excesso de trabalho pesado; aleijões corporais consequentes de punições e torturas, às vezes de efeito mortal para o escravo – eis algumas das características básicas da "benevolência" brasileira para com a gente africana. Desde os tempos da escravidão, o parlamentar e jornalista Joaquim Nabuco denunciava:

> A mortalidade dos escravos é um detalhe que nunca aparece nessas estatísticas falsificadas, cuja ideia é que a mentira no exterior habilita o governo a não fazer nada no país e deixar os escravos entregues a sua própria sorte.[17]

Outro fator que presume-se teria contribuído para "melhorar" a escravidão na América latina: a suposta distribuição de escravos em número relativamente pequeno numa extensa área geográfica, o que só permitiria umas poucas "peças" para cada proprietário. Esta menor concentração de escravos ensejaria uma certa proximidade entre senhor e escravo, propiciando um tipo de tratamento mais suave e humano para o último.

No que toca ao Brasil, as coisas se passaram de forma diferente. Sabemos que o comércio escravo foi facilitado pela proximidade das costas brasileiras e da África, e isto reduzia o preço das "peças" importadas. As plantações brasileiras foram, em grau considerável, mais densamente povoadas de escravos do que sua contraparte na América inglesa; tão barato se conseguia escravos que mais fácil e econômico era substitui-los por outros quando imprestáveis, do que cuidá-los e alimentá-los de forma adequada. No Brasil uma força braçal de mais de duzentos escravos numa só fazenda era fato comum, enquanto nos Estados Unidos mais de cem escravos reunidos numa única propriedade era exceção. As condições de vida dos escravos no Brasil eram por isso menos cuidadas do que nos Estados Unidos, onde a substituição do escravo requeria relativamente mais dinheiro.

O tratamento descuidado e os abusos de que eram vítimas provocaram uma alta taxa de mortalidade infantil entre a população escrava. No Rio de Janeiro, cidade onde teoricamente os escravos desfrutavam melhor tratamento do que em qualquer outra parte do país, a mortalidade infantil se elevava a uma taxa de 88%. A fácil aquisição de novos escravos significava que as classes governantes não perdiam tempo nem dinheiro com a saúde dos seus cativos. Em consequência, como Thales de Azevedo observa, "desde sua chegada da África – à meia idade ou na juventude – um escravo ao cabo de sete a oito anos estava imprestável para o trabalho, que, não era raro, ia de sol a sol, por assim dizer, sem descanso e sem suficiente alimentação"[18].

Os menos enganados pelos vários mitos tecidos em torno à escravidão no Brasil foram os africanos, que conheciam na própria pele as influências "mitigadoras" da Igreja Católica e as "benevolências" do português. Desde o início da escravidão, os africanos confrontaram a instituição, negando fatalmente a versão oficial de sua docilidade ao regime, assim como sua hipotética *aptidão natural* para o trabalho forçado. Eles recorreram a várias formas de protesto e recusa daquela condição que Ihes fora imposta, entre as quais se incluíam o suicídio, o crime, a fuga, a insurreição, a revolta. O afrodescendente escravizado praticou, ainda, a forma não violenta ou pacifista de manifestar sua inconformidade com o sistema. Foi o mais triste e trágico tipo de rejeição – o *banzo*. O africano era afetado por uma patética paralisação da vontade de viver, uma perda definitiva de toda e qualquer esperança. Faltavam-lhe as energias, e assim ele, silencioso no seu desespero crescente, ia morrendo aos poucos, se acabando lentamente.

Em muitos exemplos históricos encontramos os africanos e seus descendentes engajados na luta de independência do país que os escravizava. A Conjura dos Alfaiates, esmagada na Bahia em 1798, arrolava em seus quadros negros, brancos e mulatos. Entretanto, quatro descendentes africanos, Luís Gonzaga das Virgens, Lucas Dantas de Amorim Torres, João de Deus Nascimento e Manuel Faustino Santos Lira, presos no meio de outros revoltados contra Portugal, foram os únicos condenados à morte. Após serem enforcados em concorrida execução pública, seus corpos foram esquartejados, pendurados na via pública, e seus descendentes declarados malditos para sempre[19]. Muitos negros e mulatos imolaram suas vidas combatendo a tirania portuguesa. E quando o Brasil, em 1822, se tornou independente de Portugal, continuou o mesmo país escravizador do africano. Ainda mais, em 1825, conforme nos informa o historiador Mário de Sousa Clington em seu livro *Angola Libre?*, o recém-independente Brasil assinou um tratado com Portugal onde "afirma renunciar toda política de aliança com as forças separatistas angolesas"[20]. Quer dizer, as classes dirigentes, desde os primeiros dias da independência do Brasil até a recente independência de Angola, Moçambique e Guiné-Bissau (ver capítulo VIII), se mantiveram aliadas à política imperialista dos portugueses na África.

As insurreições negras se espalhavam por todo o território do país desde o começo da colonização, e permaneceram até às vésperas da Abolição em 1888. Dezenas de quilombos, verdadeiras cidadelas reunindo africanos fugidos da escravidão, se contavam nas províncias do Rio de Janeiro, Mato Grosso, Minas Gerais, Pará, São Paulo, Alagoas, Sergipe, Bahia e Pernambuco. A esses se acrescentavam as várias revoltas dos muçulmanos negros na Bahia, entre 1810 e 1835, durante as quais o valor de uma mulher negra sobressaiu: chamava-se Luzia Mahin e era a mãe de Luís Gama, o mártir e santo da abolição.

Em toda a história dos africanos no Novo Mundo nenhum acontecimento é tão excepcional quanto aquele que se registra no século XVI: a *República dos Palmares*, verdadeiro estado africano constituído no seio das florestas de Alagoas por rebeldes e fugitivos escravos. Desde 1630 até 1697, a chamada "Troia Negra" resistiu a mais de 27 expedições militares enviadas por Portugal e pelos holandeses, até que finalmente foi destruída pela força mercenária comandada por um bandeirante. Palmares – cuja população, se calcula, chegou à casa das trinta mil pessoas entre homens, mulheres e crianças – possuía uma sociedade organizada com eficaz sistema de produção comunal e de trocas; sua organização defensiva, bem como a liderança política e militar, demonstraram notável capacidade. A longa duração de Palmares testemunha a seu favor e a dos seus líderes, o último deles tendo sido o rei Zumbi; representa a primeira e heróica manifestação de amor à liberdade em terras do Brasil. Mas, conforme já foi consignado por estudiosos da nossa realidade, Palmares significa principalmente o grito desesperado dos africanos contra a desintegração da sua cultura nas estranhas terras do Novo Mundo.

Coincidência – ou mera continuidade na luta libertária? – ao mesmo tempo em que ocorriam no Brasil as lutas palmarinas, lideradas pelos africanos escravizados de origem banta, a intrépida rainha africana N'Zinga encabeçava a longa batalha, militar e política, contra os invasores portugueses do seu reino e das terras de Angola.

III.
EXPLORAÇÃO SEXUAL DA MULHER AFRICANA

Desde que o motivo da importação de escravos era a simples exploração econômica representada pelo lucro, os escravos, rotulados como subumanos ou inumanos, existiam relegados a um papel, na sociedade, correspondente à sua função na economia: mera força de trabalho. Quer isto dizer que os africanos escravizados não mereciam nenhuma consideração como seres humanos no que diz respeito à continuidade da espécie no quadro da família organizada. Daí que a proporção da mulher para o homem estava perto de uma para cinco, e as relativamente poucas mulheres que existiam estavam automaticamente impedidas de estabelecer qualquer estável estrutura de família. A norma consistia na exploração da africana pelo senhor escravocrata, e este fato ilustra um dos aspectos mais repugnantes do lascivo, indolente e ganancioso caráter da classe dirigente portuguesa. O costume de manter prostitutas negro-africanas como meio de renda, comum entre os escravocratas, revela que além de licenciosos, alguns se tornavam também proxenetas. O Brasil herdou de Portugal a estrutura patriarcal de família e o preço dessa herança foi pago pela mulher negra, não só durante a escravidão. Ainda nos dias de hoje, a mulher negra, por causa da sua condição de pobreza, ausência de *status* social, e total desamparo, continua a vítima fácil, vulnerável a qualquer agressão sexual do branco. Este fato foi corajosa e publicamente denunciado no *Manifesto das Mulheres Negras*, apresentado ao Congresso das Mulheres Brasileiras realizado na Associação Brasileira de Imprensa, no Rio de Janeiro, em 2 de julho de 1975:

> as mulheres negras brasileiras receberam uma herança cruel: ser o objeto de prazer dos colonizadores. O fruto deste covarde cruzamento de sangue é o que agora é aclamado e proclamado como "o único produto nacional que merece ser exportado: a mulata brasileira". Mas se a qualidade do "produto" é dita ser alta, o tratamento que ela recebe é extremamente degradante, sujo e desrespeitoso.

Esta realidade social é oposta à prevalecente ideia de que a formação do Brasil se verificou obedecendo a um processo integrativo imune de qualquer preconceito; tira a máscara do português e do brasileiro "branco" isentos de procedimentos racistas. Liquida certos argumentos considerando que aquela ausência de preconceito teria permitido ao colonizador engajar-se numa saudável interação sexual com a mulher negra: não só brasileiros, como latino-americanos. Tal concepção proclama que

> havia geralmente um maior respeito pelos negros como seres humanos do que na América inglesa. A disposição dos espanhóis – e dos portugueses, por extensão – de intercasar com os negros é ampla prova disto. Existia através de toda a América espanhola uma inclinação de fundir o sangue do espanhol com o sangue do negro – numa base de respeito[1].

A palavra "intercasar" é menos que apropriada para designar esse tipo de interação sexual. Um velho ditado, tão popular hoje como há um século, revela quão ilusórias e falsas são essas designações promovidas a serviço das classes dirigentes. O conceito popular difere por inteiro e restabelece a situação real:

Branca para casar,
Negra para trabalhar,
Mulata para fornicar.

O mito da "democracia racial" enfatiza a popularidade da mulata como "prova" de abertura e saúde das relações raciais no Brasil. No entanto, sua posição na sociedade mostra que o fato social exprime-se corretamente de acordo com o ditado popular. Nessa versão, há o reconhecimento geral do povo de que a raça negra foi prostituída, e prostituição de baixo preço. Já que a existência da mulata significa o "produto" do prévio estupro da mulher africana, a implicação está em que após a brutal violação, a mulata tornou-se só objeto de fornicação, enquanto a mulher negra continuou relegada à sua função original, ou seja, o trabalho compulsório. Exploração econômica e lucro definem, ainda outra vez, seu papel social.

Recente investigação estatística mostra que a tão proclamada "tendência" dos brancos no Brasil para o "intercasamento" com negros permanece uma ficção social contemporânea. Originalmente, o produto do estupro da mulher africana pelo português – o mulato e bastardo – resulta de espúria união marital: a concubinagem e/ou a prostituição da mulher negra e da mulata. O sociólogo Octávio Ianni, em estudo publicado em 1972[2], pesquisou um grupo significativo de brasileiros. Ele fez a seguinte pergunta: –

Você aprovaria o casamento do seu amigo, irmão, irmã, ou de você mesmo, com um negro ou mulato? O resultado, em porcentagem, é o seguinte:

NÃO GOSTARIAM QUE O(A)	NEGRO	MULATO
amigo (a) casasse com...	35	29
Não gostariam que o irmão casasse com...	74	70
Não gostariam que a irmã casasse com...	76	72
Ergo, não gostaria de casar-se com...	89	87

Junto com o cientista, notamos "claramente a progressiva rejeição, tanto do negro como do mulato, à medida que as manifestações se aproximam do mundo social do próprio informante". A conclusão lógica tirada por Ianni, desta e de outras pesquisas, é que " o branco elimina os negros e mulatos do seu círculo de convivência mais íntimo: a família. É dessa forma que ele consegue dissimular as rígidas barreiras àqueles impostas". E assim temos, diante dos olhos, uma radiografia a mais da famigerada "democracia racial", em cujo contexto o homem negro e a mulher negra só podem penetrar de forma sub-reptícia, pela porta dos fundos, como criminoso e como prostituta.

Os ideólogos da "democracia racial" são, com efeito, incansáveis; não arriam a bandeira do "intercasamento". Vão em frente ativamente fazendo o elogio dessa norma que advoga implicitamente a prostituição e o estupro sistemático e permanente da mulher africana e de suas descendentes no Brasil. Pierre "Fatumbi" Verger, por exemplo, está atualmente não só justificando, mas aplaudindo essa violência sexual contra a mulher africana, e isto acontece na Universidade de Ifé, Nigéria. No mesmo trabalho citado anteriormente, Verger nota que os filhos brancos dos proprietários das plantações

> percorriam os campos junto com jovens negros que serviam como seus "sacos de pancadas", mas também como seus companheiros de brinquedos e de escolas. Eles adotavam reações e modelos de comportamento africanos. Depois, eles *teriam a sua iniciação sexual com garotas negras trabalhando nas casas grandes e nos campos*, assim infundindo elementos de atração sensual e compreensão em suas relações com o que tem sido chamado pessoas de raças diferentes[3]. (Grifos meus.)

A firme convicção de que as relações de raça no Brasil são de qualidade superior, quando comparadas àquelas dos Estados Unidos, frequentemente se apoia nessa suposta teoria de saudável interação sexual. A presunção brasileira é que na América do

Norte os brancos não se cruzaram com os negros, ambas as raças permanecendo puras em sua composição biológica. Este raciocínio pode e deve ser considerado simplesmente como outro fruto da ignorância e/ou malícia dos nossos teóricos da miscigenação, que deificam aquele processo como um valor exclusivo da experiência brasileira. Entretanto, como o cientista social norte-americano Thomas E. Skidmore apropriadamente observa, "Nenhuma sociedade escravista nas Américas deixou de produzir uma vasta população mulata. [...] Em 1850, a população negra dos Estados Unidos incluía oficialmente 11% de mulatos; por volta de 1910, tinha 21%"[4].

Fica evidente, portanto, que os Estados Unidos não permaneceram à margem do processo de miscigenação. O que os "cientistas" e outros "estudiosos" necessitam é não confundir um sistema jurídico de segregação racial com pureza de raça. O tema da miscigenação nos Estados Unidos mereceu a atenção do notável poeta negro norte-americano, Langston Hughes, que escreveu uma peça intitulada *Mulato*, retratando a trágica condição do filho de um senhor branco com mulher negra no sul dos Estados Unidos; esta obra foi representada pelo Teatro Experimental do Negro, de São Paulo, na década de 1950.

O mito da "tendência inata" do português para misturar o seu sangue com o da mulher afrodescendente se desmonta quando examinamos o comportamento do homem luso na África, exercício empreendido pelo historiador José Honório Rodrigues, cuja pesquisa o levou à seguinte conclusão:

> Se examinarmos a ação portuguesa na África, veremos que a proclamada falta de preconceito não conduziu à miscigenação. Porque, como já acentuamos, faltou ali, quando realmente se iniciou a colonização, no fim do século passado, a *escravidão*, que permitia, com ou sem preconceito, usar e abusar dos escravos num plano meramente material e sexual.[5] (Grifo meu.)

IV.
O MITO DO "AFRICANO LIVRE"

Depois de sete anos de trabalho, o velho, o doente, o aleijado e o mutilado – aqueles que sobreviveram aos horrores da escravidão e não podiam continuar mantendo satisfatória capacidade produtiva – eram atirados à rua, à própria sorte, qual lixo humano indesejável; estes eram chamados de "africanos livres". Não passava, a liberdade sob tais condições, de pura e simples forma de legalizado assassínio coletivo. As classes dirigentes e autoridades públicas praticavam a libertação dos escravos idosos, dos inválidos e dos enfermos incuráveis, sem lhes conceder qualquer recurso, apoio, ou meio de subsistência. Em 1888, se repetiria o mesmo ato "liberador" que a história do Brasil registra com o nome de Abolição ou de Lei Áurea, aquilo que não passou de um assassinato em massa, ou seja, a multiplicação do crime, em menor escala, dos "africanos livres".

Atirando os africanos e seus descendentes para fora da sociedade, a abolição exonerou de responsabilidades os senhores, o Estado, e a igreja. Tudo cessou, extinguiu-se todo o humanismo, qualquer gesto de solidariedade ou de justiça social: o africano e seus descendentes que sobrevivessem como pudessem. "Africanos livres" se tornavam também aqueles escravos utilizados como soldados para fazer as guerras de destruição dos dirigentes brancos.

Obtinham soldados prometendo a liberdade para os escravos que se alistassem no serviço militar. Para se tornarem, mesmo que precariamente, livres, muitos se inscreveram: buscaram a liberdade de morrer nas guerras dos colonizadores escravocratas. A covardia de tal processo de conscrição se demonstrava revoltante através do comportamento dos filhos do senhor branco: quando convocados para servir o exército, enviavam em seu lugar o escravo, preferindo arriscar a vida negra antes que a sua própria vida branca.

Esta técnica de substituir sangue português/brasileiro por sangue africano nos campos de batalha verifica-se tanto na guerra de expulsão dos holandeses em Pernambuco, no século XVII, como na guerra contra o Paraguai, em 1865-1870. Tipicamente, nossos mitólogos raciais interpretam a forçada participação do escravo africano nas guerras coloniais de Portugal e do Brasil como outra das "provas" da integração do negro e de sua completa participação na sociedade brasileira. Diegues Jr. promove tal absurda interpretação da história em recente trabalho submetido ao Festac '77. Referindo-se à guerra contra os holandeses, ele afirma que "participaram os negros dessa reação contra o domínio holandês, dando prova, desta maneira, de seu espírito já brasileiro, integrado no sentido de nossa formação de base essencialmente lusitana"[1].

É constrangedor revolver aspectos tão ignóbeis do nosso passado histórico. Mas os afro-brasileiros precisam rever constantemente fatos como este de dar a sua vida nas guerras de um país que não os reconhecia como seres humanos e que, até os dias presentes, os mantêm como cidadãos de segunda classe. Toda razão tinha Horácio da Cunha quando anos atrás dramaticamente clamava: "Os americanos lincham cinquenta negros por ano. Nós matamos a raça inteira no Brasil"[2]. Os negros, com exemplos irredutíveis diante dos olhos, exemplos que se repetem no decorrer de toda a história pátria, não devem e nem podem alimentar nenhuma ilusão a respeito do futuro completamente sombrio que os aguarda. Pois como Carl Degler nos advertiu: "O que podemos esperar de uma sociedade fundada sobre a aventura e não sobre o trabalho, fundada na caça fatal ao índio, na escravidão, na degradação da mulher?"³

E para acrescentar o insulto à injúria, os brancos das classes dominantes ainda têm o despudor de acusar o negro, trazido da África sob grilhões, de ser o causador do "problema" racial brasileiro! Pois outra não fôra a acusação feita por Monteiro Lobato, o popular escritor de livros infantis destilando racismo, em carta dirigida a um seu amigo em 1908: "Que problemas terríveis o pobre negro da África nos criou aqui, na sua inconsciente vingança! Talvez a salvação venha de São Paulo e outras zonas que intensamente se injetam de sangue europeu."⁴

Qual foi o "problema" criado pelas classes dominantes brancas com a "libertação" da população escrava? Não foi, como devia ser, identificar e implementar a providência econômica capaz de assegurar a esta nova parcela do povo brasileiro sua própria subsistência. Nem foi o aspecto político o cerne do "problema", isto é, de que maneira o negro, cidadão recém-proclamado, participaria nos negócios da nação que ele fundara com seu trabalho. E muito menos significava, o "problema" posto para a elite dominante, a procura de instrumentos válidos e capazes de integrar e promover a colaboração criativa na construção da cultura nacional desse grupo humano recém incorporado à sua cidadania. Autoridades governamentais e sociedade dominante se mostraram perfeitamente satisfeitas com o ato de condenar os africanos "livres", e seus descendentes, a um novo estado econômico, político, social e cultural de escravidão em liberdade. Nutrido no ventre do racismo, o "problema" só podia ser, como de fato era, cruamente *racial*: como salvar a raça branca da ameaça do sangue negro, considerado de forma explícita ou implícita como "inferior".

Nina Rodrigues, o psiquiatra da Bahia, no fim do século XIX, iniciou o que veio a ser conhecido como "estudos científicos" sobre o africano no Brasil, sendo considerado o pioneiro dos estudos afro-brasileiros. Ele próprio um mulato, Nina Rodrigues beatamente assumiu os postulados de certa ciência europeia. Os trabalhos que deixou tipificam a visão prevalecente naquela época a respeito da África e da raça negra: "Para a ciência, não é esta inferioridade mais do que um fenômeno de ordem perfeitamente natural." O que explicaria, segundo o cientista, "esta verdade – que até hoje não se puderam os negros constituir em povos civilizados". Consequentemente, ele prossegue, "A raça negra no Brasil [...] há de constituir sempre um dos fatores da nossa inferioridade como povo"[5].

Precisamos não esquecer que, à exceção de uns poucos, os cientistas que se aproximavam deste assunto o faziam conforme critérios importados do estrangeiro. Tudo era de origem europeia, como agora quase tudo vem dos Estados Unidos. O país obtivera em 1822 uma independência apenas formal, permanecendo sua economia, sua mentalidade e cultura, dependentes e colonizadas. Gravitávamos espiritualmente em torno da metrópole, a Europa, obrigatório ponto de referência, sobretudo no que se referia às ideias, padrões de julgamento estético, e atividades científicas de qualquer ramo. Foi natural que de lá chegassem ao Brasil os conceitos racistas do ideal ariano. Alguns dos quais, em palavras de verdadeira maldição, como as encontradas em G. Vacher de Lapouge: "O Brasil [...] constituirá sem dúvida daqui a um século um imenso estado negro, a menos que ele não retorne, como parece provável, à barbárie."[6]

V.
O BRANQUEAMENTO DA RAÇA: UMA ESTRATÉGIA DE GENOCÍDIO

Para a solução deste grande problema – a ameaça da "mancha negra" – já vimos que um dos recursos utilizados foi o estupro da mulher negra pelos brancos da sociedade dominante, originando os produtos de sangue misto: o mulato, o pardo, o moreno, o parda-vasco, o homem-de-cor, o fusco, e assim por diante, mencionados anteriormente. O crime de violação e de subjugação sexual cometido contra a mulher negra pelo homem branco continuou como prática normal ao longo das gerações.

Situado no meio do caminho entre a casa grande e a senzala, o mulato prestou serviços importantes à classe dominante. Durante a escravidão, ele foi capitão-de-mato, feitor e usado noutras tarefas de confiança dos senhores, e, mais recentemente, o erigiram como um símbolo da nossa "democracia racial". Nele se concentraram as esperanças de conjurar a "ameaça racial" representada pelos africanos. E estabelecendo o tipo mulato como o primeiro degrau na escada da branquificação sistemática do povo brasileiro, ele é o marco que assinala o início da liquidação da raça negra no Brasil.

Porém, a despeito de qualquer vantagem de *status* social como ponte étnica destinada à salvação da raça ariana, a posição do mulato essencialmente equivale àquela do negro: ambos vítimas de igual desprezo, idêntico preconceito e discriminação, cercados pelo mesmo desdém da sociedade brasileira institucionalmente branca. Por isso, não faltam mulatos conscientes de sua origem e identidade africanas, que se erguem como grandes vultos na luta antirracista: Luís Gama é, talvez, o melhor exemplo, como mais recentemente temos um José Correia Leite, um Henrique Cunha ou um Sebastião Rodrigues Alves.

O processo de miscigenação, fundamentado na exploração sexual da mulher negra, foi erguido como um fenômeno de puro e simples genocídio. O "problema" seria resolvido pela eliminação da população afrodescendente. Com o crescimento da população mulata, a raça negra iria desaparecendo sob a coação do progressivo clareamento da população do país. Tal proposta foi recebido com elogios calorosos e grandes sinais de alívio otimista pela preocupada classe dominante. O escritor José Veríssimo, por exemplo, exultou: "Como nos asseguram os etnógrafos, e como pode ser confirmado à primeira vista, a mistura de raças é facilitada pela prevalência do elemento superior. Por isso mesmo, mais cedo ou mais tarde, ela vai eliminar a raça negra daqui. É obvio que isso já começa a ocorrer."[1]

A solução parecia satisfatória a todos, e apesar do racismo subjacente, recebeu até endosso religioso, desde que a Igreja Católica também considerava o do negro um "sangue infectado"[2]. Thales de Azevedo confirma que esta mistura não aconteceu na forma de respeito mútuo nem na do intercasamento:

> Uniões matrimoniais legítimas entre pessoas de tipo racial acentuadamente diferente são, em verdade, muito infrequentes. Tanto nos casamentos como na mancebia, tende a predominar a união de homem escuro com mulher mais clara, o que concorre para realizar o ideal de "branquear a raça", tão vantajoso do ponto de vista social.[3]

Azevedo prossegue explicando as "bases respeitáveis" que têm presidido a mistura: "a mestiçagem é antes indício de discriminação porquanto resulta mais de concubinagem e de relações fortuitas do que do casamento, pois neste o preconceito atua com sua maior força"[4].

Durante os tempos da escravidão, esta política de embranquecer a população estruturava-se de forma a limitar de qualquer maneira o crescimento da população negra. Skidmore mostra, em seu importante trabalho *Preto no Branco*, que a política colonial de importação escrava se orientava nesse sentido: "as baixas taxas de fertilidade dos negros têm sido explicadas por desvios da proporção sexual (nítido excesso de homens sobre mulheres) e elevados índices de doença e mortalidade"[5].

A orientação predominantemente racista da política imigratória foi outro instrumento básico nesse processo de embranquecer o país. A assunção prevalecente, inspirando nossas leis de imigração, considerava a população brasileira como feia e geneticamente inferior por causa da presença do sangue africano. Necessitava, conforme a receita de Arthur de Gobineau (1816-1882), influente diplomata e escritor francês, "fortalecer-se com a ajuda dos valores mais altos das raças europeias"[6]. Gobineau previa que dentro de dois séculos a raça negra desapareceria por inteiro. Até mesmo Joaquim Nabuco, o enérgico defensor do escravo, estava comprometido na política do embranquecimento, expressando suas esperanças de que "Esse admirável movimento imigratório não concorre apenas para aumentar rapidamente, em nosso país, o coeficiente da massa ariana pura: mas também, cruzando-se e recruzando-se com a população mestiça, contribui para elevar, com igual rapidez, o teor ariano do nosso sangue."[7]

Teorias científicas forneceram suporte vital ao racismo arianista que se propunha erradicar o negro. Nas palavras do escritor Sílvio Romero (1851- 1914): "A minha tese, pois, é que a vitória na luta pela vida, entre nós, pertencerá, no porvir, ao branco."[8] Desde o século XIX, o objetivo estabelecido pela política imigratória foi o desaparecimento do negro através da "salvação" do sangue europeu, e este alvo permaneceu como ponto central da política nacional durante o século XX. Em torno de 1930, o político e historiador João Pandiá Calógeras declarou, por exemplo:

> A mancha negra tende a desaparecer num tempo relativamente curto em virtude do influxo da imigração branca em que a herança de Cam se dissolve. Roosevelt tinha observado com exatidão que o futuro nos reserva uma grande alegria: a feliz solução de um problema inçado de tremendos, mortais, problemas – os problemas de um possível conflito entre as duas raças.[9]

Fato inquestionável é que as leis de imigração nos tempos pós-abolicionistas foram concebidas dentro da estratégia maior: a erradicação da "mancha negra" na população brasileira. Um decreto de 28 de junho de 1890 concede que "É inteiramente livre a entrada, nos portos da República, dos indivíduos válidos e aptos para o trabalho […] Excetuados os indígenas da Ásia ou da África, que somente mediante autorização do Congresso Nacional poderão ser admitidos."[10]

Em várias oportunidades no período de 1921 a 1923, a Câmara dos Deputados considerou e discutiu leis nas quais se proibia qualquer entrada no Brasil "de indivíduos humanos das raças de cor preta"[11]. Quase no fim do seu governo ditatorial, Getúlio Vargas assinou em 18 de setembro de 1945, o Decreto-Lei nº 7967, regulando a entrada de imigrantes de acordo com "a necessidade de preservar e desenvolver na composição étnica da população, as características mais convenientes da sua ascendência europeia"[12].

Nos últimos tempos, o governo tem exercido uma política de estimular a imigração dos racistas brancos expulsos das recém-liberadas colônias da África: belgas do ex-Congo Belga, portugueses de Angola e Moçambique. Angela Gilliam, estudiosa afro-norte-americana dos problemas brasileiros, afirma que a "solução oficial do Brasil para 'o problema' é a miscigenação, e para isto exorta os brancos fugidos de nações independentes africanas a escolherem o Brasil"[13]. Dessa forma, os racistas fugitivos lá se vão juntar com seus líderes fascistas, também fugidos, de Portugal, entre os quais se contam os ilustres nomes de [Marcello] Caetano e [Américo]Thomaz.

O conluio dos intelectuais e dos acadêmicos "cientistas" na formulação dessa política foi decisivo para a sua aceitação. Na década de 1920, quando o Brasil estimulava através de leis a imigração de brancos europeus (celtas, raças nórdicas, iberos, eslavos, germânicos, portugueses, austríacos, russos e italianos), "científicos" endossos a esta política e seus objetivos se encontravam amplamente disponíveis. Oliveira Viana, mulato, cientista social e político influente nessa década, reitera que " o grupo étnico que contribui com a maior porção para o *melting pot* tem o potencial para dominar o *make-up* da população, não só no seu tipo morfológico, mas também em seu tipo psicológico e cultural"[14]. Viana continua, falando de forma mais franca: "o *quantum* do sangue ariano está aumentando rapidamente em nosso povo. Ora, esse aumento do *quantum* ariano há de fatalmente reagir sobre o tipo antropológico dos nossos mestiços, no sentido de modelá-los pelo tipo do homem branco"[15].

Por volta de 1930, o escritor Paulo Prado afirmava que "na cruza contínua de nossa vida, desde a época colonial, o negro desaparece aos poucos, dissolvendo-se até a falsa aparência de ariano puro"[16]. Antes disto, no começo do século, Sílvio Romero havia expressado a feliz opinião de que o Brasil não estava condenado a constituir-se "numa nação de mulatos; pois que a forma branca vai prevalecendo e prevalecerá"[17].

Na mesma linha de raciocínio, Arthur Neiva louvava a orientação imigratória, afirmando que "Daqui a um século a nação será branca"[18]. Enquanto isso, João Batista de Lacerda, único delegado latino-americano ao Primeiro Congresso Universal de Raças, realizado em Londres em 1911, previa que, até o ano 2012, o Brasil estaria livre do negro e de seu mestiço: "Em virtude desse processo de redução étnica, é lógico esperar que no curso de mais um século os *métis* tenham desaparecido do Brasil. Isto coincidirá com a extinção paralela da raça negra em nosso meio."[19]

Que esta ideia da eliminação da raça negra não constituía apenas uma teoria abstrata, mas, calculada estratégia de destruição, está claro nos argumentos do mesmo teórico, na explícita sugestão de se deixar os afro-brasileiros propositalmente indefesos: "expostos a toda espécie de agentes de destruição e sem recursos suficientes para se manter"[20]. Conforme Thomas E. Skidmore, "A tese de João Batista de Lacerda foi criticada, todavia, por outros brasileiros, furiosos com a sua estimativa de tempo – achavam um século tempo demais"[21].

Outras vezes, entretanto, divulgavam-se opiniões diferentes. Afrânio Peixoto, médico e escritor, apostava que "Trezentos anos, talvez, levaremos para mudar de alma e alvejar a pele; e, se não brancos, ao menos disfarçados, perderemos o caráter mestiço"[22].

Dentro de um século ou de três séculos, isto importava; o que se fazia essencial e indisputável era a necessidade de embranquecer o povo brasileiro por dentro e por fora.

A opinião de Peixoto, bastante interessante, foi emitida durante um debate público provocado pela possível chegada de negros vindos dos Estados Unidos para o estado de Mato Grosso. O presidente daquele estado, em 1921, fez concessões de terras a colonos e pioneiros. No entanto, quando a imprensa ventilou a possibilidade de que entre os colonos esperados estivesse um grupo de negros norte-americanos, o presidente de Mato Grosso rapidamente revogou as concessões que tinha feito, e imediatamente comunicou o fato ao ministro de Relações Exteriores[23]. Foi quando Afrânio Peixoto, em face da perigosa ameaça daquele potencial influxo de quinze milhões de negros vindos do norte, interrogou desesperado: "Teremos albumina bastante para refinar toda essa escória?... Deus nos acuda, se é brasileiro!"[24] Um pouco antes desse fato, em 1917, o norte-americano Clayton Cooper, após visitar o Brasil, havia testemunhado com sinceridade: "Uma honesta tentativa está sendo feita aqui para eliminar os pretos e pardos pela infusão do sangue branco."[25]

As estatísticas demográficas iluminam os mecanismos deste linchamento social dos negros. Conforme estimativa [da década] de 1600, a população consistia de[26]:

Indígenas	35.000
Brancos	10.000
Africanos e seus descendentes	20.000

Pesquisa demográfica levada a efeito em 1798 revelou os seguintes números[27]:

Índios civilizados	250.000
Brancos	1.010.000
Africanos e seus descendentes	1.988.000

(escravos: 1.582.000; africanos livres: 406.000)

Rio Branco mostrou que, em 1822, havia uma população de 3.800.000, distribuída como segue[28]:

Brancos	1.043.000
Negros	1.930.000
Mulatos	526.000

Dados fornecidos pelo Instituto Brasileiro de Geografia e Estatística indicam o seguinte desenvolvimento da população de 1872 a 1950[29]:

	1872	1890	1940	1950
Brancos	3.787.289	6.308.198	26.171.778	32.027.661
Negros	1.954.542	2.097.426	6.035.869	5.692.657
Pardos	4.188.737	5.934.291	8.744.365	13.786.742

Através destes números fica evidente o declínio da população negra paralelo ao crescimento da branca; a porcentagem de cada grupo nos períodos respectivos é a que segue[30]:

	1872	1890	1940	1950
Brancos	38,14%	43,97%	63,47%	61,66%
Negros	19,68%	14,63%	14,64%	10,96%
Pardos	42,18%	41,40%	21,20%	26,54%

Entretanto, precisamos ser cautelosos com a significação de tais algarismos estatísticos. Eles mostram um retrato fortemente distorcido da realidade, já que conhecemos as pressões sociais a que estão submetidos os negros no Brasil, coação capaz de produzir a subcultura que os leva a uma identificação com o branco. Temos, então, os mulatos claros descrevendo-se a si mesmos como brancos; os negros identificando-se como mulatos, pardos ou mestiços, ou recorrendo a qualquer outro escapismo no vasto arsenal oferecido pela ideologia dominante.

Notemos, ademais, que essa ocorrência não é somente dos nossos dias. O visitante europeu João Maurício Rugendas observou, em 1862:

> É verdade que a lei não confere para os negros o direito de votar nem de exercer certos cargos; mas os funcionários de pele mais ou menos escura não opõem nenhuma dificuldade em reconhecer como brancos todos aqueles que assim se querem identificar, e fornecer-lhes a documentação necessária para estabelecer a pureza de suas origens.[31]

Especialistas em demografia são unânimes na denúncia aos vícios da nossa classificação estatística. Para Giorgio Mortara, um demógrafo de reconhecida autoridade, as distorções resultantes desta anomalia são evidentes: "Aqueles nascidos de uniões entre pessoas de cor parda e negra são classificados como brancos; e através das reclassificações o grupo negro perde grande quantidade e ganha muito pouco, o grupo pardo ganha muito mais do que perde, e o grupo branco ganha muito e não perde nada."[32]

Usando palavras diferentes, Remulo Coelho confirma a observação de Mortara: "A aparente quota de brancos provavelmente excede o que seria obtido na base de uma pesquisa efetuada sob critério objetivo, porque grande número daqueles registrados nos censos como brancos seriam qualificados como 'pardos'."[33]

Observações desse caráter revelam claramente a tendência das estatísticas pesando forte no prato da balança ideológica racista do embranquecimento da população. Essa circunstância é bem explorada por figuras tais como Diégues Jr, cientista social a serviço dos poderes dominantes. No citado trabalho oficialmente distribuído pelo Brasil no Festac '77, ele faz esta assombrosa concessão aos pobres negros e índios do país:

> O total da população brasileira em 1970, ano do último recenseamento, distribuía-se pelo território brasileiro com maior ou menor intensidade de um dos grupos, sendo evidente o predomínio do elemento branco, por isso que, no Brasil, mesmo mestiço que tenha alguma coisa, pequena ou grande, de sangue negro ou índio, mas não apresente aparência física de um desses grupos, já é considerado branco. O que testemunha a ausência de qualquer discriminação de natureza racial, quanto à origem étnica da pessoa.[34]

Uma afirmação exemplar emitida pela ideologia racial brasileira: a presunção de que as pessoas de origem índia ou africana preferem ser rotuladas de brancas e de que a benevolência da estrutura social em lhes conceder o privilégio da condição de "branco" honorário constitui prova da ausência de preconceito ou discriminação racial!

Mas é também digno de comentário o seguinte procedimento do cientista: ao mesmo tempo que demonstra o caráter artificialmente inflacionado da estatística na categoria dos "brancos", Diégues aceita entusiasmado a conclusão erigida à base de tais dados sem consistência: a "predominância do elemento branco"!

Finalmente, soa estranho que este cientista transcreva o censo de 1970 relativo à composição racial, já que é do conhecimento público que o fator *raça* foi omitido dos censos verificados no Brasil desde 1950. Pelo menos dois colegas de Diégues confirmam explicitamente que o censo de 1970, em particular, não registra informação sobre origem de raça ou etnia.

Fernando Mourão, da Universidade de São Paulo, constata: "No recenseamento de 1970, o critério da cor não foi mais aplicado."[35] Skidmore confirma:

> No recenseamento de 1970, por exemplo, não se coletaram dados sobre raça. A Comissão Censitária tomou essa decisão explicando que variam de tal maneira as definições de categorias raciais (e, especialmente, sua aplicação em casos individuais) que não seria possível aos recenseadores recolher dados fidedignos.[36]

Além disso, essas estatísticas demonstram não apenas o declínio, em números absolutos, dos negros. Elas refletem fato mais grave: o ideal de embranquecimento infundido de forma sutil à população afro-brasileira, por um lado; e de outra parte, o poder coativo nas mãos das classes dirigentes (brancas) manipulado como instrumento capaz de conceder ou negar ao descendente africano acesso e mobilidade às posições sociopolíticas e econômicas. E neste cerco fechado, o termo "raça" não aparece, mas é o arame farpado onde o negro sangra sua humanidade. O teatro brasileiro de todos os tempos tem em Nelson Rodrigues o seu dramaturgo culminante; com sua linguagem ácida e precisa, Rodrigues contribui para a caracterização das nossas relações de raça com as seguintes palavras: "Não caçamos pretos, no meio da rua, a pauladas, como nos Estados Unidos. Mas fazemos o que talvez seja pior. Nós o tratamos com uma cordialidade que é o disfarce pusilânime de um desprezo que fermenta em nós, dia e noite."[37]

VI.
DISCUSSÃO SOBRE RAÇA: PROIBIDA

Anteriormente, já tivemos ocasião de mencionar o ato de 1899, do ministro das Finanças Rui Barbosa, ordenando a incineração de todos os documentos – inclusive registros estatísticos, demográficos, financeiros, e assim por diante – pertinentes à escravidão, ao tráfico negreiro e aos africanos escravizados. Assim, supunha-se apagar a "mancha negra" da história do Brasil. Como consequência lógica desse fato, não possuímos hoje os elementos indispensáveis à compreensão e análise da experiência africana e de seus descendentes no país. Similarmente negativa se revela a recente decisão de eliminar dos censos toda informação referente à origem racial e à cor epidérmica dos recenseados, dando margem às manipulações e interpretações das estatísticas segundo os interesses das classes dirigentes. Por via desses expedientes se reitera a erradicação da "mancha negra", agora com o uso dos poderes da "magia branca" ou da "justiça branca". Dessa espécie de alquimia estatística resulta outro instrumento de controle social e ideológico: o que deveria ser o espelho de nossas relações de raça se torna apenas um travesti de realidade. E as informações que os negros poderiam utilizar em busca de dignidade, identidade e justiça lhes são sonegadas pelos detentores do poder. O processo tem sua justificativa numa alegação de "justiça social": todos são brasileiros, seja o indivíduo negro, branco, mulato, índio, ou asiático. Em verdade, em verdade, porém, a camada dominante simplesmente considera qualquer movimento de conscientização afro-brasileira como ameaça ou agressão retaliativa. E até mesmo se menciona que nessas ocasiões os negros estão tratando de impor ao país uma suposta superioridade racial negra... Qualquer esforço por parte do afro-brasileiro esbarra nesse obstáculo. A ele não se permite esclarecer-se e compreender a própria situação no contexto do país; isso significa, para as forças no poder, ameaça à segurança nacional, tentativa de desintegração da sociedade brasileira e da unidade nacional. Como o cientista político ganaiense, Anani Dzidzienyo, tão propriamente conclui: "Qualquer reação do negro à situação brasileira enfrentaria dois inconvenientes: uma opinião oficial que consideraria 'atividades raciais' como subversivas, e a atitude geral da sociedade que as consideraria divisionistas."[1]

O objetivo não expresso dessa ideologia é negar ao negro a possibilidade de autodefinição, subtraindo-lhe os meios de identificação racial. Embora na realidade social o negro seja discriminado exatamente por causa de sua condição racial e da cor, negam a ele, com fundamentos na lei, o direito legal da autodefesa. A constituição do país não reconhece entidades raciais; todo mundo é simplesmente brasileiro. Mas o preceito, ao se tornar operativo, ganha uma dupla qualidade – de ferramenta usada convenientemente no interesse da estrutura do poder, e de arma imobilizadora apontada na direção das massas afro-brasileiras. Nenhum meio legal de protesto, de busca de alívio contra a injustiça racial, existe para o grupo discriminado e oprimido, desde que a lei – formal e distante – recolhe a todos em seu seio "democrático".

O presente governo do Brasil tem tomado medidas para proibir completamente a discussão do tema racial, fato que implicitamente nega toda possível credibilidade à "democracia racial". Thales de Azevedo cita as seguintes ocorrências publicadas no vespertino *O Globo*, do Rio de Janeiro, de 12 de fevereiro de 1969, sob o título "Portela Vê Imprensa a Serviço da Discriminação Racial Para Conturbar":

> Publicando telegrama procedente de Brasília, o jornal informa que o general Jaime Portela, em exposição de motivos ao presidente da República sugerindo a criação da Comissão Geral de Inquérito Policial-Militar, datada de 10.2.1969, refere-se a conclusões do Conselho de Segurança Nacional sobre ações subversivas e afirma: "No contexto das atividades desenvolvidas pelos esquerdistas, ressaltamos as seguintes: [...] (item 9) - Campanha conduzida através da imprensa e da televisão em ligação com órgãos estrangeiros de imprensa e de estudos internacionais sobre discriminação racial, visando a criar novas áreas de atritos e insatisfação com o regime e as autoridades constituídas."[2]

A proposta Comissão Geral de Inquérito Policial-Militar evidencia o já mencionado propósito e objetivo de intimidar e silenciar a discussão pública do racismo e da discriminação racial. Uma estranha "democracia racial" que não permite reivindicações de direitos pelas vítimas da discriminação; o atual governo brasileiro tenta censurar, intimidar, e calar instituições de pesquisa e estudiosos estrangeiros que se preocupam com a situação do negro no Brasil. E ainda por cima, numa estranha lógica, pretende implicar o estudo e o debate público do racismo com a insatisfação perante o regime! Se há, como as conclusões do Conselho de Segurança Nacional reconhecem, "áreas de atrito e insatisfação com o regime e as autoridades constituídas", tanto estas, como qualquer outra área nova que se crie, são da exclusiva responsabilidade dos militares que impuseram uma "revolução" contra os desejos do povo. Isto nada tem a ver com os órgãos de estudos internacionais e da imprensa estrangeira interessados nesses estudos. Uma vez mais nos socorremos do estudo publicado em Londres pelo grupo de pesquisas de direitos das minorias:

> O crescimento da consciência negra é desencorajado pela recusa da sociedade em conceder ao cidadão negro a oportunidade de

realizar sua íntegra identidade – inclusive seu *eu* negro – negando o significado que o desenvolvimento do negro (político, social, e cultural) tem para ele, em particular, e para o Brasil, em geral[3].

A. Silva Mello notava com toda razão: "Até os dias de hoje ele – o negro – tem sido julgado pelo branco, um juiz completamente tendencioso em seu próprio interesse, certamente mais que parcial e injusto, quando não flagrantemente criminoso."[4]

Fugir das realidades étnicas é recurso totalmente inútil. Pois enquanto os brasileiros tentam enganar-se a si mesmos com a invenção da "democracia racial", os povos de outros países manifestam um conhecimento amplo de fatos e ocorrências supostamente não existentes na sociedade brasileira, segundo a teoria oficial em vigor. Tal é o caso, por exemplo, de António de Figueiredo, o escritor português mencionado páginas atrás. Suas palavras são exemplares e oportunas:

> É significativo que no Brasil, tal como na África do Sul, se tenha preferido o recurso a legislação repressiva para classificar a discussão da questão racial como subversiva e tema proibido. Foi este também o erro que cometeu o sistema Salazar-Caetano, que, depois de décadas de tática hipocrisia, tardiamente se lançou no expediente do inter-racialismo figurativo. Mas a realidade brutal que os brasileiros têm de aceitar é que o racismo é em toda a parte diferente e em toda a parte o mesmo – varia em estilo, mas não em essência. As forças do progressivismo ideológico estão agora ocupadas com a Rodésia e África do Sul, mas cedo ou tarde se voltarão para o Brasil e porão à descoberto a nudez forte da verdade social, que se esconde sob o manto diáfano da fantasia e da propaganda.[5]

VII.
DISCRIMINAÇÃO: REALIDADE RACIAL

As feridas da discriminação racial se exibem ao mais superficial olhar sobre a realidade social do país. A ideologia oficial ostensivamente apoia a discriminação econômica – para citar um exemplo – por motivo de raça. Até 1950, a discriminação em empregos era uma prática corrente, sancionada pela lei consuetudinária. Em geral, os anúncios procurando empregados se publicavam com a explícita advertência: "não se aceitam pessoas de cor." Mesmo após a lei Afonso Arinos, de 1951, proibindo categoricamente a discriminação racial, tudo continuou na mesma. Trata-se de uma lei que não é cumprida nem executada. Ela tem um valor puramente simbólico. Depois da lei, os anúncios se tornaram mais sofisticados que antes: requerem agora "pessoas de boa aparência". Basta substituir "boa aparência" por "branco" para se obter a verdadeira significação do eufemismo. Com lei ou sem lei, a discriminação contra o negro permanece: difusa, mas ativa.

Menciona-se ainda que mesmo esta lei antidiscriminatória aleijada, sem execução, não resultou de nenhum gesto espontâneo de parte dos legisladores. Ela foi reivindicada, ao lado de outras medidas de amparo ao afro-brasileiro, pela Convenção Nacional do Negro, realizada em São Paulo, em 1945, da qual fui o presidente. No ano seguinte, o senador Hamilton Nogueira (UDN) propôs essa legislação à Assembleia Nacional Constituinte, que a rejeitou sob pretexto de "ausência de fatos concretos". Em 1951, o Congresso aprovou a lei novamente apresentada, desta vez pelo deputado Afonso Arinos.

O mito da "democracia racial", tão corajosamente analisado e desmascarado por Florestan Fernandes, orgulha-se com a proclamação de que o "Brasil tem atingido um alto grau de assimilação da população de cor dentro do padrão de uma sociedade próspera". Muito pelo contrário, a realidade dos afro-brasileiros é aquela de suportar uma tão efetiva discriminação que, mesmo onde constituem a maioria da população, existem como minoria econômica, cultural e nos negócios políticos. O estado da Bahia exibe dramaticamente esta situação do afro-brasileiro despossuído.

Conforme o censo de 1950, a população daquele estado, de 4.822.024, se distribuía da seguinte maneira[1]:

Brancos	1.428.685	30%
Negros e mulatos	3.393.183	70%

A distribuição ocupacional era:

Empregados:
Brancos	23.01%
Negros e mulatos	76.98%

Empregadores:
Brancos	51.90%
Negros e mulatos	48.11%
(de quase nenhuma significação econômica)	

Os pequenos "negócios", os quais em geral não vão além da atividade de modestos vendedores de rua, nos quais os negros participam como "empregadores", não têm virtualmente nenhuma significação econômica; enquanto a categoria dos brancos empregadores tem o comando dos meios de produção, do mercado, dos recursos financeiros, enfim detêm nas mãos a economia do estado em todo seu peso e extensão.

A participação do negro no sistema educativo da Bahia, em porcentagem, é a que segue[2]:

	Elementar	Secundária	Universidade
Brancos	54.46%	82.56%	88.21%
Negros e mulatos	45.52%	17.43%	11,64%

Outra manifestação da "perfeita assimilação dos negros nos *standards* da sociedade próspera" pode ser visto nas condições de vida dos afro-brasileiros ocupando os pardieiros – ou guetos – do país. No nordeste – Recife e outras cidades da área – a moradia de negro é o *mocambo*, geralmente infestado de germes e mosquitos das águas poluídas e estagnadas em cujo meio ou vizinhanças se localizam. Em São Paulo, a moradia mais comum era o *porão* e, mais recente, as zonas chamadas de favela. O retrato de corpo inteiro da favela paulista está no livro de Carolina Maria de Jesus, *Quarto de Despejo*, um terrível testemunho da vida da autora na favela. Traduzido para várias línguas, *Quarto de Despejo* é um dos raros livros brasileiros de circulação em vários países. Carolina Maria de Jesus, apesar do êxito internacional de seu livro, acaba de falecer em São Paulo nas mesmas condições de favelada. A *Folha de S.Paulo*, em editorial de 16 de fevereiro de 1977, intitulado "A Catadora de Papéis", se refere a Carolina de Jesus nos seguintes termos: "foi ao mesmo tempo protagonista e cronista de um dos mais dolorosos dramas desta cidade: o de um submundo habitado por homens e mulheres aos quais falta o mínimo a que têm direito – pela sua simples condição humana".

Mais adiante, o editorial desvanece qualquer esperança de uma mudança para melhor: "o retrato sem retoques exposto por essa escritora iletrada permanece sem maiores modificações até hoje. Ao contrário, é até mais pungente, em nossos dias, o quadro que *Quarto de Despejo* nos apontava".

No Rio de Janeiro, sofre a população negra a humilhação – e a simultânea degradação – das *favelas*, que se dependuram nas encostas dos morros, e por esse motivo se tornaram famosas pelo pitoresco de seus barracos e do seu ambiente. Não foi por outra razão que fizeram num morro carioca o filme *Orfeu Negro*.

Que tais moradias, imundas, abaixo das necessidades mínimas de higiene e conforto humano, são habitadas primariamente pelo grupo negro, é fato bem documentado. Uma representativa amostra da referida "integração do negro na propriedade nacional" pode ser tomada na situação apresentada pelo Rio de Janeiro. O tradicional diário *O Estado S. Paulo*, em suplemento especial de 13 de abril de 1960, publicou os seguintes números de uma pesquisa realizada em 1950:

População do Rio:
Brancos 1.660.834
Negros e mulatos 708.459

População das Favelas:
Brancos 55.436
Negros e mulatos 113.218

Estes algarismos revelam que, para quase cada dois e meio habitantes do Rio, um é negro; porém para cada habitante branco das favelas, quase dois e meio são negros. Em outras palavras: os negros compõem menos da metade da população total da cidade, mas a proporção que ocupam nas favelas alcança mais do dobro da cifra apresentada pelos brancos. Assim se caracteriza uma indiscutível segregação habitacional.

Já os mal-intencionados ou ingênuos estarão dizendo: – "Ora, os negros vivem nas favelas porque querem, porque escolheram assim; ou então porque não têm dinheiro, mas nunca por questões de raça". E aqui nós entramos no labirinto raça-classe-sociedade. Mais uma vez, recorremos a Florestan Fernandes:

Apesar da extrema concentração social da renda e do prestígio social, que torna a estrutura ocupacional do estado de São Paulo muito pouco "democrática" (ou balanceada), o estoque racial branco participa das posições mais vantajosas significativamente acima das proporções com que concorre para a composição da população total.[3]

Se os negros vivem nas favelas porque não possuem meios para alugar ou comprar residência nas áreas habitáveis, por sua vez a falta de dinheiro resulta da discriminação no emprego. Se a falta de emprego é por causa de carência de preparo técnico e de instrução adequada, a falta desta aptidão se deve à ausência de recurso financeiro. Nesta teia, o afro-brasileiro se vê tolhido de todos os lados, prisioneiro de um círculo vicioso de discriminação – no emprego, na escola – e trancadas as oportunidades que lhe permitiriam melhorar suas condições de vida, sua moradia, inclusive. Alegações de que esta estratificação é "não racial" ou "puramente social e econômica" são chavões que se repetem e racionalizações basicamente racistas: pois o fator racial determina a posição social e econômica na sociedade brasileira. Frantz Fanon observa com propriedade: "O racista numa cultura com racismo é por esta razão normal. Ele atingiu a perfeita harmonia entre relações econômicas e ideologia."[4]

Em 1959, quase uma década após a promulgação da lei antidiscriminatória "Afonso Arinos", o preconceito racial foi mencionado pelo *O Jornal* do Rio de Janeiro, dia 6 de junho, como o principal fator de desemprego. O resultado de uma pesquisa conduzida na então capital do país pela diretoria da Seção de Colocações do Ministério do Trabalho revelou:

> Com efeito, candidato de cor, *mesmo com habilitação*, para o comércio, escritórios, cinemas, consultórios, portarias, bares, hospitais, firmas estrangeiras e outros estabelecimentos que exigem pessoas de "boa aparência", não consegue trabalho.

[...] É o preconceito de cor que se encontra em primeiro lugar como fator de desemprego, em seguida vêm a idade e a nacionalidade.[5]

Idêntica situação ocorre em todos os estados com significativa população negra. O *London Times* (transcrito em *O Jornal* de 25 de abril de 1960) publica que a " discriminação racial realmente existe no Brasil, apesar de que muitos brasileiros negam este fato". O artigo continua:

> De um modo geral, os negros não conseguem promoções fáceis, não só nas atividades civis, mas dentro das forças armadas. Assegura-se que a razão disso está no seu nível de educação inferior. Mas um garçom negro é coisa rara num hotel ou restaurante de qualidade, e as grandes lojas nunca os têm a seu serviço como balconista.[6]

Não estamos no momento interessados na apresentação de uma análise pormenorizada dos aspectos recém-mencionados do racismo. Os números, entretanto, são eloquentes e falam por si mesmos. E a despeito das limitações do presente trabalho, acredito haver tocado, ainda que brevemente, a superfície dessa teratologia social. Ainda no plano estatístico, queremos localizar alguns dados referentes ao nível nacional. Segundo o censo de 1950, a população do país somava 51.944.397, com a seguinte distribuição[7]:

Brancos	32.027.661	61,6%
Negros e Mulatos	19.479.399	37,6%

Distribuição Ocupacional:

Empregadores
Brancos.	82,66%
Negros e mulatos	15,58%

(de quase nenhuma significação econômica)

Distribuição Educacional:

	Elementar	Secundária	Universitária
Brancos	90,2%	96.3%	97,8%,
Negros e mulatos	6,1%	1,1%	0,6%

Estes algarismos estão sujeitos às mesmas qualificações e limitações daquelas relativas às estatísticas mencionadas anteriormente. O primeiro tropeço está na ausência de informação sobre condição racial e/ou etnia nos censos realizados depois de 1950, prejudicando o exame e a configuração real da situação corrente. Entretanto, para essas reflexões, usaremos os dados pesquisados naquele ano como uma espécie de parâmetro, já que, desde aquela data, a estrutura sociorracial continua inalterada. Segundo, num país onde a população está condicionada pela preocupação de ser branca, a faculdade de cada recenseado declarar sua própria cor ou raça significa que grande parte dos negros, assim como dos mulatos, tenham se declarado brancos. Seria, portanto, correto estimar em ao menos 50% da população do Brasil como pertencente à raça negra, usando-se o critério da classificação fenotípica, ou seja, aquela baseada na aparência.

Se nossa perspectiva, entretanto, observasse uma linha rigorosamente racial, classificaria todos os brasileiros com sangue de origem africana como negros, e chegaríamos à conclusão de que o Brasil é de fato um *país negro*. De fato, e não em função de conceitos teóricos, já que perto de 80% da sua atual população de 110 milhões de habitantes estão definitivamente "contaminados" com o sangue de origem africana, o Brasil se erige como o segundo maior país negro do mundo. Só excedido, em população de ascendência africana, pela Nigéria. E o que sugere imediatamente tal verificação? Simplesmente isto: que o Brasil é uma nação cuja maioria negra está sendo governada, por demasiado tempo, por uma minoria branca, a versão sul-americana da União Sul-Africana. Isto não constitui, aliás, uma real surpresa, se lembrarmos os vários exemplos, épocas e faces das íntimas relações do Brasil com a pátria do *apartheid,* pois o *apartheid* é uma política que é *separada,* mas, *igual* à "democracia racial" no Brasil. Separadas na geografia e nos respectivos métodos, porém iguais em seus efeitos funestos. Como comenta Thales de Azevedo:

> Verificam-se discriminações indisfarçáveis em seus efeitos coletivos através da história nacional, no casamento, na admissão aos clubes e associações recreativas, nas irmandades, nas escolas privadas, nas ordens religiosas, em cargos e carreiras que têm sido privilégio das classes altas ou, pelo menos, dos socialmente brancos, como a diplomacia, e as camadas mais elevadas da representação política, da governança, das forças armadas, do clero, do comércio, dos bancos, da indústria.[8]

Anani Dzidzienyo, em seu estudo, diz o seguinte a respeito da posição oficial dos negros brasileiros relativamente ao controle de sua própria circunstância: "Atualmente, a posição do negro no Brasil só pode ser descrita como sendo virtualmente fora da sociedade vigente. Ele está quase completamente sem representação em qualquer área envolvendo poder de decisão."[9]

VIII.
IMAGEM RACIAL INTERNACIONAL

A imagem racial internacionalmente projetada pelo Brasil oficial, entretanto, é outra bem diferente dessa que acabamos de expor. Em 1968, para exemplificar, um delegado do Brasil nas Nações Unidas, durante a discussão da doutrina apartheista da África do Sul, afirmou o antirracismo do país, declarando o seguinte: "Essa posição é conhecida e é invariável. Ela representa a essência mesma do povo brasileiro, que nasceu da fusão harmoniosa de várias raças, que aprenderam a viver juntas e a trabalhar juntas, numa exemplar comunidade."[1]

Esclareçamos de início que essa delegação se compunha exclusivamente de brancos, pois um dos setores tradicionalmente mais discriminadores contra o negro é precisamente o Ministério de Relações Exteriores. Não temos embaixadores de cor negra e nem qualquer negro na função de representante diplomático, enquanto até os Estados Unidos, país notoriamente racista, delega a algumas dezenas de negros a chefia de suas missões diplomáticas em diversos países do mundo. A própria missão dos Estados Unidos junto às Nações Unidas está, no momento, encabeçada por um negro: o embaixador Andrew Young. A declaração do representante brasileiro não ultrapassa o significado de monótona reiteração de princípios, de caráter puramente formal; seu conteúdo demagógico é aquele mesmo que Joaquim Nabuco já denunciara no século passado. Declarações desse teor soariam como um insulto à inteligência da comunidade negra, se já não fossem, em si mesmas, um sintoma de insensibilidade moral e desprezo pelos direitos humanos dos afro-brasileiros, o que lhes tira significação ou valor diante da opinião progressista do mundo.

Interessante diagnóstico, no zig-zag que o Brasil se vê forçado na tentativa de mascarar a situação racial do país, se encontra no depoimento de Charles Wagley, professor da Universidade Columbia. Ele foi um dos pesquisadores credenciados pela Unesco para dirigir no Brasil uma importante investigação sobre relações raciais. Após o término de pesquisa, o professor Wagley contou o seguinte:

> É curioso que, embora esses estudos da Unesco tivessem sido motivados pelo desejo de mostrar uma visão positiva das relações raciais numa parte do mundo (isto é, no Brasil), de que se esperava pudesse o resto do mundo aprender alguma coisa, acabaram por modificar a opinião que o mundo tinha até então das relações raciais no Brasil.[2]

Sucessos dessa natureza não surpreendem, se não perdemos de vista a imagem que o Brasil tão cuidadosamente (e inescrupulosamente) desde sempre tenta erigir para consumo dos círculos internacionais. Evoquemos um acontecimento de 1972. No Conselho Econômico e Social das Nações Unidas se apreciava relatório da Unesco, no qual o Brasil e os Estados Unidos eram mencionados quando focalizava o *apartheid*. A reação da representação brasileira, como de costume, foi de enfática indignação. *O Estado de S. Paulo* reproduziu o seguinte telegrama de Nova York:

> O breve relatório da Unesco ao Conselho Econômico e Social baseou-se em dados do Centro Brasileiro de Pesquisas Educacionais do Rio de Janeiro, colhidos em 16 de abril de 1966 a 19 de dezembro de 1967. O relatório menciona que a Lei 1.390, em vigor desde 3 de julho de 1951, considera delitos penais os atos

motivados por preconceitos de cor ou raça, e proíbe a discriminação na matrícula de estudantes com base em preconceito racial ou de cor. Contudo, o relatório alega que a lei não consegue impedir que os usos e costumes sociais – herdados da época da escravatura – provoquem uma discreta forma de discriminação racial, refletida especialmente no Sul do país, onde não há integração do negro na vida social brasileira.

O despacho telegráfico acrescenta que o delegado brasileiro às Nações Unidas escreveu uma carta de protesto ao secretário geral, na qual

> o embaixador Frazão disse que o Centro Brasileiro de Pesquisas Educacionais é uma organização de pesquisas cujas conclusões não podem ser aceitas como definitivas em todas as matérias. Frazão declarou que o governo brasileiro não endossa o ponto de vista segundo o qual o Brasil mantém usos e costumes sociais capazes de levar a concluir que "existe no país alguma forma de discriminação racial". O representante brasileiro disse ainda em sua carta: "A opinião contrária, de que o Brasil pode ser considerado um bom exemplo de integração racial e harmonia racial, parece refletir bem mais acentuadamente a realidade social do país."[3]

Primeira observação: a carta do delegado brasileiro repete os chavões conhecidos, sem apresentar nenhum argumento válido em seu apoio. *Segunda:* tenta desmoralizar o trabalho de pesquisa de uma agência, se não oficial, pelo menos oficializada e merecedora de todo respeito e crédito. *Terceira:* a pesquisa revelou fatos e realidades, os quais o delegado procura refutar com "ponto de vista" e "opinião contrária". *Quarta:* tudo se resume na velha denúncia do diplomata Joaquim Nabuco, ao afirmar que a mentira difundida no estrangeiro permite ao governo nada fazer no plano interno do país. Basta a solução do avestruz: enterrar a cabeça na areia movediça dos sofismas...

No entanto, os sofismas e outras táticas da "magia branca" dos riobranquenses do Itamarati não têm o poder de alterar a estrutura racista magistralmente descrita por Álvaro Bomílcar:

> Os órgãos e instituições do poder público no Brasil, o governo, os legisladores, o sistema de justiça criminal, a polícia, os intelectuais, a imprensa etc., lançam uma guerra contra os negros sem nenhuma piedade ou compaixão; uma guerra nunca de direta confrontação, mas sutil e indireta, perseguição persistente e sem pressa dessas vítimas do destino, pervertendo ou negando a eles seus direitos civis, subvertendo seu direito à educação, negando-lhes assistência pública ou qualquer tipo de apoio oficial para custeio de educação ou subsistência.[4]

É oportuno aqui recordar o caráter das declarações de princípio do Brasil nas Nações Unidas com respeito ao colonialismo. Suas "posições", "opiniões" e "pontos de vista" foram invariavelmente contra o colonialismo; quando, porém, da abstração e da teoria se passava à votação de medidas concretas, particularmente durante o processo da descolonização da África, os registros das Nações Unidas mostram que a atitude do Brasil se apresentou consistentemente vacilante. Ou o Brasil votava contra ou se abstinha de votar, o que na prática se traduzia em apoio ao *status quo*. Dos governos brasileiros dificilmente se poderia esperar outra coisa, desde que eles tinham com Portugal salazarista até um acordo de consulta recíproca em assunto de política internacional. O país se achava atrelado às potências colonialistas. Não é fácil esquecer, então, a verdade contida na sentença de Octávio Ianni: "O Brasil é uma invenção do capitalismo europeu."[5]

Foi considerando essas vacilações que o historiador José Honório Rodrigues, questionando suas vantagens, sugeriu uma política concebida para "recuperar o tempo perdido com o alinhamento com Portugal salazarista, desfazer a imagem colonialista que construímos na África"[6].

Quando se considera a duplicidade do comportamento brasileiro face às nossas relações de raça, que vimos caracterizando nestas páginas, surge com toda a naturalidade a pergunta: até que extensão representa um gesto de amizade e de relações positivas, a preconizada política brasileira em direção à África? Tudo não seria – como as indicações sugerem – mera tentativa de substituir a influência de Portugal colonialista, expulso da África pelas armas da libertação, por outra influência, desta vez de um neocolonialismo brasileiro? Não significaria o conteúdo dessa política a continuidade dos interesses econômicos, políticos e culturais daquelas mesmas classes que têm tradicionalmente se beneficiado com a opressão e a exploração dos africanos e seus descendentes?

Os participantes oficiais do Brasil no colóquio do Segundo Festival Mundial de Artes e Cultura Negras em Lagos, em janeiro de 1977, sustentaram a propagação dessa imagem internacional do país. Seus motivos? Os de sempre e os de agora, quando o Brasil realiza comércio altamente lucrativo de produtos industriais com a Nigéria; quando companhias brasileiras de telecomunicação aumentam sua penetração nesse país e firmas brasileiras concorrem para o muito disputado contrato de edificação da nova capital nigeriana; em resumo, num momento em que os interesses brasileiros na África de modo geral e em particular na Nigéria estão se tornando sempre mais evidentes e mais decisivos para a prosperidade das classes brancas dominantes do Brasil, seus representantes vêm a Lagos para reforçar a presença econômica brasileira e reiterar a notória imagem racial do país.

Nas palavras de António de Figueiredo, observador do Festac, no artigo já citado sobre o evento:

> A presença brasileira correspondeu, portanto, às aspirações da sua diplomacia, atualmente lançada em aumentar a projeção do Brasil na África moderna e principalmente na Nigéria. Para a consecução desta política de aproximação econômica e influência cultural, o Brasil tem inúmeras vantagens sobre a maioria dos

países em processo de expansão. Não tem, por enquanto, um passado de implicações imperialistas como as potências europeias e os Estados Unidos e, portanto, parece oferecer possibilidades de um envolvimento menos perigoso; a sua condição tropical permite-lhe manter um enorme ascendente técnico em vários ramos vitais, desde a medicina à agricultura e engenharia civil, arquitetura e empreitada de construção de casas ar-condicionadas; a comunidade técnica dirigente brasileira, em Lagos, já atinge as centenas; mas *igualmente importante,* claro, é a sua reputação de ser "a maior democracia racial do mundo" – um fato que alguns brasileiros tomam como sendo tão incontestável como a terra ser redonda e que muitos estrangeiros, e principalmente africanos, nunca viram contestado. (Grifos meus.)

IX.
O EMBRANQUECIMENTO CULTURAL: OUTRA ESTRATÉGIA DE GENOCÍDIO

Devemos compreender "democracia racial" como significando a metáfora perfeita para designar o racismo estilo brasileiro: não tão óbvio como o racismo dos Estados Unidos e nem legalizado qual o *apartheid* da África do Sul, mas institucionalizado de forma eficaz nos níveis oficiais de governo, assim como difuso e profundamente penetrante no tecido social, psicológico, econômico, político e cultural da sociedade do país. Da classificação grosseira dos negros como selvagens e inferiores, ao enaltecimento das virtudes da mistura de sangue como tentativa de erradicação da "mancha negra"; da operatividade do "sincretismo" religioso à abolição legal da questão negra através da Lei de Segurança Nacional e da omissão censitária – manipulando todos esses métodos e recursos – a história não oficial do Brasil registra o longo e antigo genocídio que se vem perpetrando contra o afro-brasileiro. Monstruosa máquina ironicamente designada "democracia racial" que só concede aos negros um único "privilégio": aquele de se tornarem brancos, por dentro e por fora. A palavra-senha desse imperialismo da brancura, e do capitalismo que lhe é inerente, responde a apelidos bastardos como *assimilação, aculturação, miscigenação;* mas sabemos que embaixo da superfície teórica permanece intocada a crença na inferioridade do africano e seus descendentes.

Além dos órgãos do poder – o governo, as leis, o capital, as forças armadas, a polícia – as classes dominantes brancas têm à sua disposição poderosos implementos de controle social e cultural: o sistema educativo, as várias formas de comunicação de massas – a imprensa, o rádio, a televisão – a produção literária. Todos esses instrumentos estão a serviço dos interesses das classes no poder e são usados para destruir o negro como pessoa e como criador e condutor de uma cultura própria. O processo de assimilação ou de aculturação não se relaciona apenas à concessão aos negros, individualmente, de prestígio social. Mais grave, restringe sua mobilidade vertical na sociedade como um grupo; invade o negro e o mulato até à intimidade mesma do ser negro e do seu modo de autoavaliar-se, de sua autoestima. Assim, provoca em Florestan Fernandes esta dramática interrogação: "até que ponto o 'negro' e o 'mulato' estão socializados não só para *tolerar*, mas também para aceitar como normal e até endossar as formas existentes de desigualdade racial, com seus componentes dinâmicos – o preconceito racial dissimulado e a discriminação racial indireta?"[1]

Eis aqui uma das razões por que, nas palavras de Anani Dzidzienyo: "não há dispositivos legais que obriguem ele – o negro – a permanecer em posição desvantajosa; de fato não há necessidade para isso porque as estruturas econômica, social e política do Brasil, por sua própria natureza, operam contra os interesses dos negros[2].

A assimilação cultural é tão eficiente que a herança da cultura africana existe em estado de permanente confrontação com o sistema dominante, concebido precisamente para negar suas fundações e fundamentos, destruir ou degradar suas estruturas. Em capítulos posteriores, examinaremos mais de perto os mecanismos desse fenômeno. Tanto os obstáculos teóricos quanto os práticos têm impedido a afirmação dos descendentes africanos como íntegros, válidos, autoidentificados elementos constitutivos e construtores da vida cultural e social brasileira. Pois realmente a manifestação cultural de origem africana, na integridade dos seus valores, na dignidade de suas formas e expressões, nunca teve reconhecimento no Brasil, desde a fundação da colônia, quando os africanos e suas culturas chegaram ao solo americano. Sílvio Romero, notando as implicações de uma identidade cultural africana para o Brasil, registrou uma expressão que a um tempo explicava e prevenia o país oficial do seu tempo: "Nós temos a África em nossas cozinhas, América em nossas selvas, e Europa em nossas salas de visitas".[3]

Já tive oportunidade, em minha Carta Aberta ao Primeiro Festival Mundial de Artes Negras (Dacar, 1966)[4], de manifestar repulsa aos propósitos agressivos dos ideais da *assimilação* e da *aculturação*. Tal afirmação coincide com o que observou Amílcar Cabral, herói da libertação de Guiné-Bissau, ao dizer:

> a dominação colonial tem procurado criar teorias, as quais, de fato, são apenas grosseiras formulações de racismo. [...] Este, por exemplo, é o caso da chamada teoria da assimilação progressiva das populações nativas, o que acaba sendo unicamente uma mais ou menos violenta tentativa de negar a cultura dos povos em questão[5].

O sistema educacional funciona como aparelhamento de controle nesta estrutura de discriminação cultural. Em todos os níveis do ensino brasileiro – primário, secundário, universitário – o elenco das matérias ensinadas, como se executasse o que havia previsto a frase de Sílvio Romero, constitui um ritual da formalidade e da ostentação das salas da Europa, e, mais recentemente, dos Estados Unidos. Se consciência é memória e futuro, quando e onde está a memória africana, parte inalienável da consciência brasileira, no currículo escolar? Onde e quando a história da África, o desenvolvimento de suas culturas e civilizações, as características do seu povo, foram ou são ensinadas nas escolas brasileiras? Ao contrário, quando há alguma referência ao africano ou negro, é no sentido do afastamento e da alienação da identidade negra.

Tampouco à universalidade da universidade brasileira o mundo negro-africano tem acesso. O modelo ocidental europeu ou norte-americano se repete, e as populações afro-brasileiras são tangidas para longe do chão universitário como gado leproso. Falar em identidade negra numa universidade do país é o mesmo que provocar todas as iras do inferno, e constitui um difícil desafio aos raros universitários afro-brasileiros.

Há toda uma encenação montada cujo escopo é dissimular a realidade concreta do ensino universitário. A Universidade Federal da Bahia, por exemplo, mantém hoje, em 1977, um Centro de Estudos Afro-Orientais que se integra na parafernália utilizada no desaparecimento dos descendentes africanos sob a égide da miscigenação. Em artigo publicado na revista oficial do centro, *Afro-Ásia*, seu então diretor Waldir Freitas Oliveira redige a ideologia da instituição sob o título de "Considerações Sobre o Preconceito Racial no Brasil"[6]. Aqui temos um indisputável testemunho daquilo a que o Centro se propõe "estudar" e, ainda mais sintomático, o que intenta combater: as poucas tentativas de autoafirmação dos afro-brasileiros. Acompanhando as sinuosidades da exposição de Waldir Oliveira, deparamos que após focalizar aspectos da nossa história, o autor chega à conclusão de que o preconceito racial existe entre os brasileiros "com profundas raízes e difícil de ser extirpado" (p. 17). Qual o remédio e a solução que Oliveira propõe? Nenhuma: isto seria ir contra os mandamentos de um "branco da Bahia". Para estes, em todos os casos e problemas de agressão ao negro, o caminho é a evasão e o endosso paternalista do ato agressor. Oliveira não peca contra os mandamentos, e se atira contra a vítima – os negros. Calunia as poucas organizações que tentam se opor ao preconceito e à discriminação, e que se preocupam com a reconquista da identidade e dignidade do negro, taxando-as de "tendências desintegracionistas", as quais "poderão evoluir no sentido da formação no Brasil de grupos raciais convivendo lado a lado, sem que venham a integrar-se definitivamente. O que poderá, num futuro longínquo, conduzir- nos a uma situação parecida com aquela na qual hoje se encontram os Estados Unidos ou a África do Sul" (p. 17).

É profundamente lamentável que o Centro ainda ignore o fato irrefutável de que as populações negra e branca estejam há quatrocentos anos "vivendo lado a lado". É uma pena que um centro dito de estudos não saiba que o negro e sua cultura sempre tenham sido mantidos como estranhos dentro da sociedade brasileira vigente, cujo único propósito, como o do próprio Oliveira, é que as populações afro-brasileiras desapareçam, sem deixar rastro, do mapa demográfico do país. Por causa de diversos fatores, inclusive a carência de poder, os negros têm sido obrigados a aceitar as imposições autoritárias da sociedade dominante, a ponto de não poder impedir que a seu respeito se façam definições do tipo daquelas feitas por Oliveira. Quanto à comparação, num futuro longínquo, do Brasil com os Estados Unidos e África do Sul, Oliveira não precisa esperar tanto tempo para verificar que as condições, para o negro, são rigorosamente semelhantes; o que varia é mera questão de grau e a aparência do sintoma. O fato concreto, nenhuma retórica acadêmica pode apagar: o negro no Brasil está sendo rapidamente liquidado nas malhas difusas, dissimuladas, sutis e paternalistas do genocídio mais cruel dos nossos tempos. Uma técnica genocida de fazer inveja a Salazar, Vorster e Smith.

Como um fanático zelador da nossa "democracia racial", Oliveira não economiza munição em sua ofensiva geral contra o

> pequeno grupo de intelectuais negros no Brasil, que agitando a bandeira de defesa do negro, *ainda ocupando na nossa sociedade os postos mais baixos e constituindo o grosso do nosso proletariado,* passa a uma posição de combate ostensivo ao branco, opondo-se inclusive à miscigenação, segundo eles, a mais eficiente arma dos brancos para anulá-los e manter a sua pretendida superioridade. Tal atitude reveladora de um nítido conteúdo racista, não pode

deixar de constituir motivo de preocupação para todos aqueles que estudam e acompanham a evolução da nossa sociedade[7]. (Grifos meus.)

A "nossa sociedade" evocada por Oliveira nada tem a ver com a "nossa sociedade" dos afro-brasileiros. Anteriormente já demonstramos, até com estatísticas, a espécie de tratamento que o descendente africano recebe na escura Bahia que algum espírito sarcástico cognominou de "o estado africano" do Brasil. Pois até mesmo aqui a sociedade vigente escolheu negar seu destino "africano" e manter na periferia a maioria absoluta de negros e mulatos. Até mesmo aqui, onde a cultura africana deitou raízes seculares, um descendente africano, para ter acesso em qualquer degrau da escada social, é porque já não é mais um negro: trata-se de um assimilado que deu as costas às suas origens, ou seja, um "negro de alma branca". Mesmo a prática religiosa tem resistido a terríveis pressões da sociedade (via polícia) e dos sacerdotes católicos.

Por todos esses fatos tão ostensivos, conhecidos e analisados por vários estudiosos brasileiros e estrangeiros, soa estranho que o diretor de uma instituição de "estudos africanos" tenha o despudor de afirmar, no mesmo estudo, que os negros ainda hoje ocupam "os postos mais baixos" em nossa escala social, e logo a seguir negar aos mesmos proscritos pelo racismo seu legítimo direito de autodefesa! E nesse lance vemos configurado, na análise do próprio Oliveira, uma situação idêntica à da África do Sul: a minoria branca monopolizando todo o poder e dominando a maioria de descendência africana. A despeito da conclusão a que chegara, Oliveira insiste em negar ao afro-brasileiro a menor reivindicação de direitos. E nesta direção o Centro de Estudos Afro-Orientais se autodefine, em 1977, de utilidade sumamente precária; não passa de mais uma ferramenta de domesticação do negro. Seus estudos, análises ou pesquisas estão destituídos de qualquer sentido construtivo e válido. Aliás, para sermos exatos, devemos realçar não a inutilidade de tal agência, mas sua existência parasitária, nociva aos verdadeiros ideais de uma sociedade multirracial e multicultural que o Brasil pretende ser. Não é procurando fugir da solução dos problemas que se resolverá o conflito de raças latente entre nós. O centro, na palavra desinibida do seu diretor, assume em nossos dias aquelas funções de tutelagem paternalista descritos anteriormente em relação ao padre Antônio Vieira.

Outro tanto se pode dizer do Centro de Estudos Africanos da Universidade de São Paulo. Seu vice-diretor, Fernando A.A. Mourão, apresentou ao colóquio do Festac '77 um trabalho intitulado *The Cultural Presence of Africa and the Dynamics of the Socio Cultural Process in Brazil* (A Presença Cultural da África e a Dinâmica do Processo Sociocultural no Brasil)[8]. Com título tão ambicioso e extenso, o autor começa seu trabalho se referindo a certos "autores estrangeiros que focalizam o tema racial e alguns destes estão consideravelmente abertos à dúvida desde o ponto de vista científico." O professor Mourão não fornece os nomes dos autores incriminados e nem se apoia em transcrições de trechos das obras impugnadas. Assim procedendo, Mourão lança a sua suspeita sobre todos os "autores estrangeiros", ato caracterizador do exercício de uma ciência bem pouco científica de sua parte. Entretanto, é fácil perceber que os autores de duvidosa ciência, para Mourão, deverão ser aqueles que não se ajoelham aos pés dos ídolos científicos do conservadorismo retrógrado de certos estudiosos e cientistas sociais do país. Mourão é um porta-voz entusiástico dessa tendência acadêmica, embora procure se disfarçar com o recurso de uma linguagem confusa e rebarbativa. Ele se debate através do próprio labirinto de palavras escapistas, e no instante da decisão final, entre a cruz e Xangô – as ideologias raciais do Brasil e a posição africana – Mourão apenas consegue gesticular sobre o abismo. No caos "científico" que armou estão todas as afirmações, negações e contradições imagináveis. Num determinado parágrafo, a cultura africana resistiu às perspectivas da ocidentalização dominante, e já no seguinte:

> Não é um assunto de permanência de cultura meramente em seus aspectos formais, permanência de formas em si, mas sem nenhuma grande significação aparte da função nova de tempo e assim tendo uma função puramente artificial. É a criação de uma cultura híbrida, sincronizada com um ritmo propriamente seu, o ritmo brasileiro, e dentro de uma porção de espaço que é caracterizado pelo desenvolvimento de uma sociedade nova, multirracial. (p. 15)

Toda a tese está vazada nos moldes desta linguagem do mais opaco esoterismo – com que propósito? Seria exigência requerida pela terminologia "científica", decorrência de suas profundas elucubrações teóricas? Ou seria, noutra pauta de raciocínio, o inútil esforço de usar a linguagem como um véu ocultando a inutilidade e o vazio, num exercício modelar do "escolasticismo estéril" que o colóquio do Festac deveria evitar?[9]

A despeito da extremamente tortuosa e obscura qualidade do trabalho de Mourão, é possível discernir suas motivações básicas: uma tentativa de mostrar que elementos da cultura africana "se impuseram" sobre a sociedade brasileira em geral por um processo "independente da linha de cor"; não, entretanto, como uma autoconsciente e identificável herança africana, porém como um amálgama criado através de um processo de síntese com outros elementos culturais:

> É agora nossa intenção demonstrar, através de uma análise do processo sociocultural brasileiro, independente do critério da origem étnica, a presença e a contribuição dinâmica e plástica feita pelas culturas da África para o desenvolvimento de uma cultura tropical em curso de formação, estabelecendo o formato para um comportamento diferencial. (p. 4) O que além do mais parece bastante extraordinário é que elas acabaram se impondo e fazendo sua marca na sociedade global, criando uma nova sociedade global que não era soma de posições particulares adotadas, mas síntese de um processo de miscigenação física e cultural que acabaria vencendo a totalidade das imposições do tipo colonial e ideologias exógenas

de uma natureza referencial, reforçadas pela participação e comportamento dos imigrantes vindos da Europa. (p. 5)

A frase mais decifrável, no sentido de uma conclusão da tese, é esta:

> Enquanto, em outras partes do continente americano, há uma permanência característica de um grupo específico de raízes africanas, vivendo lado a lado com outros grupos ou através da integração dentro do grupo sociologicamente dominante, no Brasil o elemento africano desempenhou um papel chave no processo de integração plural. (p. 16)

Mourão parte da presunção inicial de que a "cultura brasileira" seja, de certo modo, uma entidade a parte da cultura africana, e que esta se *impôs sobre* uma que lhe era anterior. Isto supõe que a cultura africana não constituía uma parte integral do Brasil desde sua própria fundação. Temos aqui uma presunção que revela não apenas um preconceito ideológico como, principalmente, uma distorção do fato histórico. A "sociedade global", sobre a qual as culturas africanas teriam se imposto, não inclui, no conceito de Mourão, os africanos do país – conceito estranho quando consideramos que em 1600 o Brasil tinha duas vezes mais africanos do que portugueses. Essa "sociedade como um todo", onde as culturas africanas "marcariam", aparentemente se constitui, exclusivamente, de portugueses, que no início da colonização formavam 1/6 da população total (ver cap. v).

O cientista revela que a "nova sociedade global" se desenvolveu através de um processo de "integração plural" marcada, nos parece, por uma ausência singular de "posições particulares adotadas" ou de grupos dominantes. Seria uma síntese, digamos, extremamente "democrática". Para conceptualizar esse fenômeno, Mourão convenientemente ignora a motivação básica da miscigenação cultural: as autoridades brancas, usando a técnica antiga de divisão e conquista, decidiram sacrificar a pureza da cultura lusa à necessidade maior de dominar eficientemente as massas africanas, e criaram "batuques", "nações", "fraternidades", e outras entidades capazes de fornecer controle social ao preço da "contaminação" da cultura dominante. Maliciosamente, ele esquece a predominância da Igreja Católica e sua intolerância às religiões africanas; o batismo forçado dos escravos e o saque policial dos terreiros. Contudo, Mourão omite, na sua alegação sobre "integração plural", a realidade histórica de que onde as culturas africanas se "impuseram" foi na conquista do lugar, dentro do contexto brasileiro, de cultura perseguida de um povo marginalizado.

Além desse preconceito inicial, a mais evidente característica do trabalho de Mourão é sua consistente e angustiosa fuga da questão racial. Tenta confirmar a persistência no Brasil de traços culturais pertencentes à África, os quais "vieram a se destacar aparte de qualquer característica racial"(p. 14). Noutras palavras, esta cultura foi trazida para o Brasil não pelos negros africanos, mas por um ser abstrato, talvez aquele desraçado da *metarraça* inventada por Gilberto Freyre. Repetidamente, Mourão fala em síntese, "independente de linha de cor" ou "independente de origem étnica". Não explica, porém, como um processo de interação cultural entre etnias diferentes pode ter lugar, deixando de lado as próprias etnias e sua imperativa interação social. No intuito de evitar mencionar a raça ou a "linha de cor", todo o processo é elevado a um nível tão abstrato e intangível a ponto de perder qualquer relação com a vida real dos afro-brasileiros. Evadindo-se Mourão do problema das relações humanas entre os portadores daquelas culturas, implica que o processo de síntese do qual ele reiterativamente fala deve ter ocorrido não numa sociedade de seres humanos, mas num mundo de espíritos localizado muito distante desta nossa terra humilde.

Situa-se nessa persistente evasão, como se raça fosse um tabu, da questão das relações humanas entre pretos e brancos, entre africanos e europeus, o aparente objetivo de tais centros impropriamente chamados de estudos africanos. A construção intelectual elaborada tanto no centro da Bahia quanto no de São Paulo, que acabamos de visitar rapidamente, não passa de autoglorificadas evasões dos problemas reais e imediatos de cerca de sessenta milhões de afro-brasileiros. Enquanto tais centros não oferecerem justificação objetiva para qualquer alegação de que as relações de raça no Brasil são as ideais (aliás, Waldir Oliveira forneceu ampla evidência de preconceito racial e discriminação), eles estão apenas mantendo um jogo artificial de raciocínio e de palavras na tentativa frustrada de obnubilar o dilema racial do país, dirigindo a atenção de estudantes e estudiosos para outras questões mais esotéricas e menos controversas.

X.
A PERSEGUIDA PERSISTÊNCIA DA CULTURA AFRICANA NO BRASIL

Sempre que vemos estudado o tema das culturas africanas no Brasil, a impressão emanada de tais estudos é de que essas culturas existem porque receberam franquias e consideração num país livre de preconceito étnico e cultural. A verdade histórica, porém, é bem oposta. Não é exagero afirmar-se que desde o início da colonização, as culturas africanas, chegadas nos navios negreiros, foram mantidas num verdadeiro estado de sítio. Há um indiscutível caráter mais ou menos violento nas formas, às vezes sutis, da agressão espiritual a que era submetida a população africana, a começar pelo batismo ao qual o escravo estava sujeito nos portos africanos de embarque ou nos portos brasileiros de desembarque. As pressões culturais da sociedade dominante, a despeito de seus propósitos e esforços, não conseguiram, entretanto, suprimir a expressa herança espiritual do escravo na medida em que ocorreu nos Estados Unidos, onde apenas sobreviveram alguns elementos culturais. Mas essa incapacidade de aniquilar definitivamente a vitalidade cultural africana, que se expandiu por vários setores da vida nacional, não pode ser interpretada como concessões, respeito ou reconhecimento por parte da sociedade dominante. Entre os instrumentos usados pelo poder escravizador estava a Igreja Católica que, absolutamente, não é responsável pela persistência das religiões de origem africana na chamada América

Latina: Haiti, Cuba e Brasil, entre outros. Essa Igreja possuía escravos com fins lucrativos e perseguia e atacava as crenças religiosas africanas durante séculos e até os dias atuais. Apesar da Igreja Católica, e não devido a ela, algumas religiões africanas puderam persistir em sua estrutura completa, enquanto outras sobreviveram através de certo elemento ritual e de uma ou outra divindade cujo culto se manteve. Entretanto, a manifestação espiritual africana não se circunscrevia ao domínio religioso, mas também abrangia outras formas de celebrações e festejos populares. É o caso, por exemplo, dos autos populares dos congos, do bumba meu boi, dos quilombos, e assim por diante, através dos quais os negros reproduzem formas tradicionais africanas adaptadas ao novo ambiente, ou então infundiam a formas culturais estrangeiras um espírito africano, adaptando-as ou reduzindo-as a seu parâmetro cultural.

Bastante diversificadas, variando em graus de desenvolvimento, características e aparências, as culturas africanas possuem, no entanto, um fundamento básico comum que as identifica como culturas irmãs, inconfundíveis quando interagem com as culturas de origem europeia ou indígena. Vamos recorrer a uma classificação de Artur Ramos[1] das culturas que permaneceram em território brasileiro:

A. Culturas sudanesas: representadas primariamente pelos povos iorubá da Nigéria, os gêges do Daomé (Benin), os fanti e axânti da Costa do Ouro (Gana) e alguns outros grupos menos relevantes ao contexto brasileiro;
B. Culturas guineo-sudanesas, islamizadas, principalmente originadas dos peuhl [fulas], mandingas, e hauçás da Nigéria nortista;
C. Culturas bantas, representadas pelo grupo étnico Angola--Congo e por aqueles vindos da chamada Contracosta (África oriental).

Nem todos os africanos condutores dessas culturas e seus descendentes estavam em condições de manter vivas e desenvolver suas respectivas contribuições à cultura do novo país, na medida em que eles próprios se achavam sob terríveis condições. Vítimas permanentes da violência, suas instituições culturais se desintegraram no estado de choque a que foram submetidas. As línguas africanas – expressão fundamental da visão de mundo de suas respectivas culturas – foram destruídas, com raras exceções para fins rituais. O racismo, exatamente como classifica as raças em "superior" e "inferior", emprega idêntico critério para rotular as línguas em "inferior" e "superior". Nesta linha de razões, Gilberto Freyre considera: "É evidente que a colonização europeia deu a esse novo tipo de cultura um instrumento de intercomunicação, que só uma nação europeia já unificada e já literariamente desenvolvida lhe poderia ter dado: a língua."[2]

Candomblé é o nome que recebeu a religião dos povos iorubás, trazida da Nigéria para o Brasil. Porém o candomblé inclui variações de outros grupos culturais vindos da África, tais como os ewe (gêges) do Benin, Angola-Congo e outros ramos bantos. Culto dos orixás, o candomblé resistiu e conservou intato seu corpo de doutrina, sua cosmogonia e teogonia, o testemunho dos seus mitos vivos e presentes. Na concepção do meu colega Olabiyi Babalola Yai, da Universidade de Ifé, o candomblé, cuja mensagem no Brasil é essencialmente a mesma, como na África, significa: "Uma religião na qual nem o inferno nem o diabo têm lugar e que não aflige a vida do homem com um pecado original do qual se deve purificar, mas que convida o homem a sobrepujar suas imperfeições graças ao seu esforço, aos esforços da comunidade e aos orixás."[3] Constituindo a fonte e a principal trincheira da resistência cultural do africano, bem como o ventre gerador da arte afro-brasileira, o candomblé teve de procurar refúgio em lugares ocultos, de difícil acesso, a fim de suavizar sua longa história de sofrimentos às mãos da polícia. Seus terreiros (templos) localizados no interior das matas ou disfarçados nas encostas de morros distantes, nas frequentes invasões da polícia viam confiscados esculturas rituais, objetos do culto, vestimentas litúrgicas, assim como eram encarcerados sacerdotes, sacerdotisas e praticantes do culto. Uma anônima poesia popular de negros nos informa o tratamento que a polícia dispensava aos sacerdotes da religião africana:

> Dá licença, Pai Antônio,
> Eu não vim te visitá
> Eu estou muito doente,
> O que quero é me curá.
>
> Se a doença for feitiço
> me cura no seu Congá;
> Se a doença fôr de Deus…
> Ah! Pai Antônio vai curá!
> Coitado de Pai Antônio
> Prêto velho rezadô,
> Foi parar numa prisão,
> Ah! por não ter um defensô.
> Pai Antônio na Quibanda…
> É curadô! É pai de mesa, é rezadô!
> É pai de mesa, é rezadô!
> Pai Antônio da Quibanda é curadô!
> Povo de Umbanda!
> Povo valente!
> Rei de Congo!
> Meu pai chegou!

Como resultado direto da perseguição policial aos candomblés, se criou até uma nova categoria na hierarquia sacerdotal dos terreiros: o *ogan*. Os ogans funcionam como espécie de patronos honorários do candomblé, em geral pessoas com prestígio bastante para proteger o terreiro, seu corpo sacerdotal e seus frequentadores-crentes, da violência costumeira das autoridades públicas. É comum também que os ogans defendam o candomblé da tradicional inimizade da

Igreja Católica; eles socorreriam ainda o terreiro em suas dificuldades financeiras. Normalmente, sendo o ogan uma pessoa influente na comunidade dominante, a maioria teria que ser composta de pessoas brancas. Sem questionar a boa intenção desses "patronos", resta observar que a origem e a existência dos mesmos, como fenômeno social, implicitamente documentam as dificuldades que se ergueram no caminho das religiões afro-brasileiras.

A interferência atemorizadora e confusionista das autoridades públicas tem ainda imposto o deslocamento frequente de sacerdotes e sacerdotisas a fim de evitar prisões e perseguições. Roger Bastide reconta o seguinte resultado das suas pesquisas afro-brasileiras:

> Com a perseguição da polícia, muitos pais-de-santo ou muitas mães-de-santo rumam para regiões mais hospitaleiras; encontrei na Bahia pernambucanos que haviam preferido emigrar a abandonar sua fé; Dona P. foi para Alagoas. Antigamente era o contrário que acontecia: fugia-se de Alagoas, onde a perseguição alcançava o auge, para o Recife, onde por essa época os terreiros desfrutavam da proteção médico-policial.[4]

O indicador final e sintomático do prestígio que as religiões afro-brasileiras gozam na sociedade do país está na exigência que dura séculos, de serem os seus templos as únicas instituições religiosas no Brasil com registro obrigatório na polícia. Esta medida de caráter compulsório continua vigorando atualmente em todos os estados da República, exceto na Bahia, cujo governador, um ano atrás, revogou aquela exigência pelo decreto 25.095, de 15 de janeiro de 1976. O próprio texto do decreto é amplamente informativo sobre a natureza desta exigência. Transcrevemos na íntegra o texto, publicado no *Diário Oficial* de 16 de janeiro de 1976:

> O GOVERNADOR DO ESTADO DA BAHIA no uso de suas atribuições e CONSIDERANDO que na expressão "sociedades afro-brasileiras para atos folclóricos", a que se refere a Tabela I, anexa à Lei N.º 3.097,

de 29 de dezembro de 1972, se tem identificado para fins de registro e controle nela previstos as entidades que exercitam o culto afro-brasileiro, como forma exterior da religião que professam;

CONSIDERANDO que semelhante entendimento se não ajusta no sentido e alcance da lei, sendo antes antagônico ao princípio constitucional que assegura a liberdade do exercício do culto; CONSIDERANDO QUE É DEVER do poder público garantir aos integrantes da comunhão política que dirige o livre exercício do culto de cada um, abstendo quaisquer embaraços que o dificultam ou impeçam;

CONSIDERANDO AFINAL que, se assim lhe incumbe proceder para com todas as crenças e confissões religiosas, justo não seria que também não fizesse em relação às sociedades do culto afro-brasileiro, que de idêntico modo têm a liberdade de regerem-se de acordo com sua fé.

DECRETA:

Art. 1º. Não se incluem, na previsão do item 27 da Tabela n.º 1, anexa à Lei 3.097, de 29 de dezembro de 1972, as sociedades que pratiquem o culto afro-brasileiro, como forma exterior da religião que professam, que assim podem exercitar o seu culto independentemente de registro, pagamento de taxa ou obtenção de licença junto a autoridades policiais.

Art. 2º. Este decreto entrará em vigor na data da sua publicação, revogadas as disposições em contrário.

PALÁCIO DO GOVERNO DO ESTADO DA BAHIA, 15 de janeiro de 1976.

ROBERTO FIGUEIRA SANTOS
LUIZ ARTHUR DE CARVALHO

Esse texto nos informa que durante séculos, até mesmo na Bahia, onde a população afro-brasileira constitui mais de 70% da população total do estado, a religião desta maioria esteve sujeita ao registro na polícia e ao pagamento de taxas de licenças para o funcionamento dos terreiros, além, naturalmente, da sujeição ao controle das autoridades. Note-se ainda que tais exigências, ainda vigentes no resto do Brasil, são de fato anticonstitucionais, conforme assinala o *considerando* do governador.

A "sobrevivência" de traços culturais africanos, segundo nossa breve discussão no capítulo II, tem sido perigosamente manipulada por estudiosos para servir como "demonstração" da essência não racista e "harmoniosa" da civilização brasileira. Esta seria supostamente aberta a "todas contribuições, sem qualquer distinção, sejam elas europeias, ameríndias ou africanas", nas palavras de Pierre Verger.

Estes defensores do processo cultural do Brasil estão unidos por uma forte aparência comum: sua ênfase na palavra e na condição *subreptícia,* na *clandestina* natureza do processo "de sobrevivência" dos traços da cultura africana no Brasil. Gilberto Freyre serve como exemplo. Ele considera a "infiltração" africana na religiosidade brasileira[5] como excepcional valor da sociedade e da cultura dominantes. Seu racismo velado reitera e insiste no conceito de infiltração: "As *infiltrações* africanas, na religião como na culinária, na música, na escultura, na pintura de origem europeia, representam não uma degradação desses valores, mas um seu enriquecimento."[6] (Grifos meus.)

Por debaixo da abundante generosidade concedida aos valores africanos, as implicações do conceito de infiltração emergem, também abundantemente, óbvias: elas denunciam a natureza subterrânea e a condição marginal, fora da lei, do que *infiltra.* Temos aqui simultâneas a melhor ironia e a pior hipocrisia, pois do mesmo momento que tais estudiosos estão tentando demonstrar a completa aceitação e os braços abertos da sociedade brasileira, que supostamente não consideraria vergonha nem estigma as suas raízes africanas, ao mesmo tempo dizíamos, eles tácita ou abertamente demonstram o contrário, isto é: que a civilização brasileira nunca aceitaria a contribuição africana caso a mesma não se tornasse sutil, disfarçada, atuando na clandestinidade. Pierre Verger nos fornece outro ilustre raciocínio quando cita Luís Viana Filho e diz que:

> A sociedade brasileira, *sem perceber,* assimilou o que lhe tinha sido ensinado pelo escravo negro. Como um corpo altamente organizado abraçando as normas portuguesas, ela permaneceu inconsciente deste contágio. Ela nem mesmo admitiria para si própria que esta qualidade de influência, originária de criaturas de tão baixa posição e de uma tão estranha e distante origem, estivesse no reino das possibilidades. Apesar disso, a influência africana se fez sentir vagarosamente, *imperceptivelmente,* tão mais eficaz quando lhe faltava o caráter de um planejado e deliberado esforço, o qual sem dúvida teria suscitado forte oposição.[7] (Grifos meus.)

Estes testemunhos dificilmente poderiam ser considerados a descrição de uma cultura aberta a todas as influências sem distinção. E ainda Verger tira precisamente desse tipo de raciocínio a conclusão da porosidade e abertura da cultura brasileira, para as quais não economiza elogios. Olabiyi Babalola Yai muito perceptivamente agarra o preconceito fundamental desses estudos:

> É grande a tentação, em situações de diversidade cultural como a do Brasil, de uma cultura se erigir em cultura dominante e procurar assimilar as outras. Antropólogos positivistas, vítimas e/ou cúmplices da ideologia oficial e da tradição assimilacionista lusa herdada dos latinos, gostam de falar da contribuição africana para o enriquecimento *da* cultura nacional brasileira, como se esta fosse anterior à chegada de elementos culturais africanos adventícios. Depara-se aí com uma atitude que Robert Janlin tão bem denominou de "o direito de vida concedido a outrem, sob a condição de que se torne o que somos".[8]

Aliás, esta é a questão que se apresenta: o que é exatamente esta "cultura brasileira" tão porosa a todas as influências? As culturas africanas chegaram ao Brasil com a própria fundação da colônia, e pela força dos números – os africanos eram majoritários – elas eram as culturas dominantes. A "sociedade brasileira" referida por Viana Filho é um grupo pequeníssimo de portugueses, cujas "normas" dominavam apenas pela força das armas. Uma "sociedade brasileira" que não incluía 85% da população do país. Assim fica claro que o conceito da benevolente cultura branco-europeia "aceitando sem distinção" as "infiltrações" africanas está historicamente falando de uma construção extremamente artificial.

A sociedade dominante no Brasil praticamente destruiu as populações indígenas que um dia foram majoritárias no país; essa mesma sociedade está às vésperas de completar o esmagamento dos descendentes africanos. As técnicas usadas têm sido diversas, conforme as circunstâncias, variando desde o mero uso das armas, às manipulações indiretas e sutis que uma hora se chama *assimilação,* outra hora *aculturação* ou miscigenação; outras vezes é o apelo à unidade nacional, à ação civilizadora, e assim por diante.

Com todo esse cortejo genocida aos olhos de quem quiser ver, ainda há quem se intitule de cientista social e passe à sociedade brasileira atestados de "tolerância", "benevolência", "democracia racial" e outras qualificações virtuosas dignas de elogios. Certo: que os serviçais da ideologia dominante continuem exercendo sua perversão da realidade. Cumpre a nós, os negros, que em vários estados somos a maioria da população (Bahia: 70.19%, Sergipe: 60.19%, Maranhão: 66.03%) conceder a essa qualidade de estudos e estudiosos o que eles merecem: o nosso desprezo.

XI.
SINCRETISMO OU FOLCLORIZAÇÃO?

A fertilidade racionalizadora do racismo brasileiro não tem limites: é dinâmica, polifacética e capaz das manipulações mais surpreendentes. No rol dessas últimas figuras o chamado "sincretismo religioso". Segundo a imagem que este mito pretende transmitir, as religiões africanas, ao se encontrarem no Brasil com a religião católica, ter-se-iam amalgamado ou se fundido naturalmente, intercambiando influências de igual para igual, num clima de fraterna compreensão recíproca. Entre outros, Roger Bastide demonstrou exaustivamente o contrário; que longe de resultar de troca livre e de opção aberta, o sincretismo católico-africano decorre da necessidade que o africano e seu descendente teve de proteger suas crenças religiosas contra as investidas destruidoras da sociedade dominante. As religiões africanas, efetivamente postas fora da lei pelo Brasil oficial, só puderam ser preservadas através do recurso da sincretização. O catolicismo, como a religião oficial do Estado, mantinha o monopólio da prática religiosa. Os escravos se viram assim forçados a cultuar, aparentemente, os deuses estranhos, mas sob o nome dos santos católicos guardaram, no coração aquecido pelo fogo de Xangô, suas verdadeiras divindades: os orixás. Bastide nos diz que o "sincretismo é simplesmente uma máscara posta sobre os deuses negros para benefício dos brancos"[1]. Os negros fizeram uma inversão na fórmula e sacaram dela resultado positivo à preservação e continuidade da sua religião. Tem sido o sincretismo mais outra técnica de resistência cultural afro-brasileira do que qualquer das explicações "científicas" propagadas com fito domesticador. Estas ignoram a exigência prévia, para a ocorrência de um efetivo sincretismo, das condições que assegurem a espontaneidade e liberdade daqueles que fazem intercâmbio. Como é que poderia uma religião oficial, locupletada no poder, misturar-se num mesmo plano de igualdade, com a religião do africano escravizado que se achava não só marginalizada e perseguida, mas até destituída da sua qualidade fundamental de religião? Somente na base flagrantemente violenta de imposição forçada poderia ter sucesso o sincretismo das religiões africanas com o catolicismo. Isto foi o que realmente aconteceu, e os testemunhos documentando este fato são muitos. Para manter uma completa submissão do africano, o sistema escravista necessitava acorrentar não apenas o corpo físico do escravo, mas também seu espírito. Para atingir este objetivo se batizava compulsoriamente o africano escravizado, e a Igreja Católica exercia sua catequese e proselitismo à sombra do poder armado. Mudam-se os tempos, mas não o tratamento dispensado ao negro pela sociedade brasileira: hoje, em vez do batismo compulsório, temos a "democracia racial" compulsória, cujos mandamentos são impostos pela ameaça policial, pela Lei de Segurança Nacional, e todo um cortejo de instrumentos legais e ilegais para amedrontar e dissuadir aqueles que não querem rezar pelo catecismo oficial...

Só mereceu o nome de *sincretismo* o fenômeno que envolveu as culturas africanas entre si, e entre elas e a religião dos índios brasileiros. Na Bahia, há candomblé de várias origens; o candomblé de origem angolana e congolesa usa, por empréstimo, elementos rituais e de organização sacerdotal do culto iorubá. Entretanto, com Bastide observamos que os espíritos bantos ainda continuam preservados em correspondência direta com as deidades iorubás, igualmente como se houvesse algum dicionário que sancionasse uma recíproca transferência entre uma e outra religião. Assim, Xangô, o deus-trovão iorubá, é identificado pelos angolanos com Zaze, Kibuko-Kiassubangango; e pelos congoleses como Kanbaranguanje. Identicamente o deus iorubá da medicina e da cura é identificado pelos angolanos como Camungo, Cajanja, e pelos congoleses como Quingongo. Entre os bantos Oxumaré, o arco-íris, torna-se Angorô, e Oxalá, o deus-céu, Cassumbeca, enquanto Exu reaparece como o angolano Aluvia e o congolês Bombonjira[2].

Embora a religião iorubá claramente predomine nesse contexto afro-brasileiro, a importância das religiões de outras procedências africanas não deve ser subestimada. O encontro das religiões africanas com a religião nativa dos indígenas manifesta-se nos terreiros de caboclos, onde o culto mistura os dois sistemas espirituais. Roger Bastide minuciosamente estabeleceu um quadro mostrando as deidades correspondentes entre oito grupos no Brasil: iorubá, fon, ketu, angola, congo, tapa, caboclo e cabinda.

Atualmente, pelo menos cinco grupos estão representados no culto afro-brasileiro: banto, keto, ijesha, ewe e iorubá[3].

As diferenças que se notam nas expressões das religiões afro-brasileiras e em sua sincretização obedecem exigências culturais específicas oriundas das diferentes áreas geográficas: o culto afro-brasileiro prevalecente nos estados de São Paulo, Rio de Janeiro e adjacências denomina-se macumba. Embora progressivamente a macumba assimile a religião indígena, a iorubá, elementos do catolicismo e do espiritismo kardecista, a influência banta permanece a mais ponderável. No estado do Rio Grande do Sul, a religião afro-brasileira próxima à macumba é o batuque. Enquanto no estado de Pernambuco, mais ligado ao candomblé, o culto denomina-se Xangô, no estado do Maranhão, com preponderante influência dos fon (Daomé, hoje Benin) é conhecido como tambor de minas.

Outra variação que ultimamente vem se expandindo com velocidade, sobretudo nos estados do sul, é a umbanda. A influência predominante é a banta, porém a composição inclui elementos de origem indígena, do espiritismo kardecista, hindu, chinesa, e outras menos significativas. Seu crescimento rápido é notado não só no Brasil, como também noutros países da América. As raízes africanas da umbanda são profundas e básicas.

Sincretismo entre diferentes religiões africanas e cultos dos índios brasileiros vem se constituindo em um processo de natureza inteiramente diferente daquele ocorrido com o catolicismo – a despeito da usual e artificial identificação de ambos os processos cometida por vários estudiosos. O professor Wande Abimbola, da Universidade de Ifé, bem conhecido internacionalmente como um expositor do corpo literário de Ifá, em seu relatório após visitar o Brasil assinala a diferença fundamental entre aquelas duas relações: "A religião tradicional africana não se considera, ao contrário do cristianismo, como o único caminho conduzindo à salvação. Os tradicionalistas africanos respeitam a fé dos outros como igualmente autêntica, e como uma experiência na qual eles mesmos podem tomar parte."[4]

A Igreja Católica, entretanto, não comete esse pecado, praticando tal tipo de coexistência pacífica. Citemos um exemplo para ilustrar: o bispo do estado do Espírito Santo, certa vez, após assistir a uma cerimônia banta chamada, na época, cabula, pronunciou uma sentença de anátema contra ela[5]. Noutras ocasiões, o catolicismo se manifestou fortemente contra o fenômeno do sincretismo, taxando-o de uma forma herética ou manifestação de bárbaro paganismo. Assim considerada, a cerimônia da lavagem da Igreja do Bonfim esteve proibida durante longo tempo; os negros da Bahia estavam talvez reatando a continuidade de místicas celebrações à Obatalá, mas para as autoridades eclesiásticas tudo não passava de ritual pagão. E a lavagem só voltou a ser feita novamente quando os proibidores perceberam a inutilidade da medida que absolutamente não enfraquecia a fé dos crentes em seus orixás.

Uma recente amostra da "abertura" católica ao sincretismo teve lugar em São Paulo, há cerca de dois anos, quando a Secretaria de Turismo instituiu o Dia de Oxossi e o Dia de Ogum. O arcebispo de São Paulo, em coro com *O Estado de S. Paulo*, denunciou a iniciativa como profundamente atentatória ao espírito cristão, não poupando palavras de desprezo às religiões africanas. Mesmo em se tratando, como era o caso, de uma apropriação indébita dos deuses africanos pela indústria oficial do turismo...

Queremos registrar um derradeiro fato documentado pela *Folha de S.Paulo* a 13 de fevereiro de 1977, em reportagem intitulada: "Padre Não Quis Ver Xangô". Resumindo os acontecimentos, a reportagem relata as providências tomadas pelos membros de um candomblé para a realização de uma missa, na Igreja do Rosário, edificada pelos escravos e seus descendentes no século passado. Pertenciam à Irmandade de Nossa Senhora do Rosário, instituição sobre cuja natureza fizemos referência no capítulo II. Um templo mais do que apropriado para a cerimônia projetada. Mas, apesar de sua antiga e profunda relação com a comunidade negra, o templo não estava disponível para aquela celebração, conforme divulgou a reportagem, que trazia o expressivo subtítulo "Proibida na Igreja, a Missa Foi Rezada no Terreiro":

> "Missa com iê-iê-iê pode, com candomblé não". Assim o ogan do terreiro do Aché Ilé Obá, José da Silva, comentou ontem a decisão do padre Rubens de Azevedo, da igreja do Rosário, no largo do Paissandu, de não oficiar a missa em comemoração à inauguração do maior terreiro de candomblé do Brasil. Um pouco antes, ele havia recebido de volta os 190 cruzeiros pagos pela missa, que seria acompanhada por órgão e violinos. Imediatamente após a celebração da missa matinal, o padre Rubens se retirou da igreja, preocupado provavelmente com a advertência da Cúria Metropolitana de que ele teria que arcar com as consequências, caso a missa fosse realizada. O cancelamento da missa, entretanto, não impediu que os seguidores do candomblé se dirigissem para o largo do Paissandu, e, junto ao monumento

da Mãe Preta, depositassem um ramalhete de rosas. Por advertência de um tenente do DSV, as filhas de santo, trajadas à maneira baiana, desistiram de entoar os cânticos da seita. E a cerimônia ter-se-ia limitado a um discurso do vice-presidente da Confederação de Umbanda e Candomblé e ao repicar de alguns rojões, se o bispo da Igreja Católica Reunida não tivesse concordado em celebrar uma missa no terreiro que iria ser inaugurado à noite, na Vila Fachini.[6]

Não só se negou a própria igreja da comunidade para o que seria uma prática "sincrética" como, além do mais, as pessoas que se dirigiram ao templo foram pela polícia proibidas de, ainda nas ruas, entoarem seus cânticos rituais – proibição que nunca é imposta aos celebrantes e participantes das missas ao ar livre e das procissões católicas que frequentemente se espalham em longos e cantantes desfiles pelas ruas das cidades de São Paulo e de todo o país.

O falso caráter deste chamado "sincretismo" pode ser também claramente percebido no tratamento desdenhoso dispensado às religiões africanas por seus supostos parceiros de sincretismo: os católicos brancos e os estudiosos. As concepções metafísicas da África, seus sistemas filosóficos, a estrutura de seus rituais e liturgias religiosos, nunca merecem o devido respeito e consideração como valores constitutivos da identidade do espírito nacional. E desprezando a cultura que os africanos trouxeram, os europeus reforçaram a teoria e a prática da rejeição étnica. Todos os objetivos do pensamento, da ciência, das instituições públicas e privadas, exibem-se como provas desta conclusão. Nada melhor para isso que invocar o pioneiro dos estudos afro-brasileiros, Nina Rodrigues, por causa do prestígio que ainda desfruta, a despeito da objeção de Guerreiro Ramos, que afirma: "Nina Rodrigues é, no plano da ciência social, uma nulidade, mesmo considerando-se a época em que viveu. Não há exemplo, no seu tempo, de tanta basbaquice e ingenuidade. [...] sua obra, neste particular, é um monumento de asneiras."[7] Em seu livro *Os Africanos no Brasil*, Nina Rodrigues usa teorias do cientista europeu Lang a fim de caracterizar o africano como um selvagem. Desde o ponto de vista psicológico, afirma Rodrigues, "ele mostra uma consciência obscura"; de uma perspectiva social, ele preservou concepções baseadas no "totemismo"[8]. A referência às leis "totêmicas" é só uma na miríade de expressões de desprezo, vigentes no dicionário da ciência de caráter imperialista. Há a tendência entre certos estudiosos e "cientistas" de rotular o candomblé como "fetichismo", magia negra, superstição, animismo, e outras pejoratividades idênticas àquelas que mencionamos rapidamente em páginas anteriores dedicadas ao estudo do dr. George Alakija. É a linguagem de quem não compreende e desdenha. Incapazes de penetrar no sistema de pensamento por trás dos rituais, tentam destruir tudo. Isto com a ajuda do sistema de pensamento europeu ocidental que se tem imposto através da coerção, às vezes até com o emprego da força armada, entre outros recursos, o que significa um elemento deveras subversivo dentro do chamado processo de assimilação, aculturação e sincretismo.

XII.
A BASTARDIZAÇÃO DA CULTURA AFRO-BRASILEIRA

O *status* das religiões afro-brasileiras joga um papel de fator primordial no desenvolvimento da arte negra do país. Conforme apontamos anteriormente, o candomblé se localiza como o foco inspirador e dinamizador da criatividade artística afro-brasileira, exercendo também papel relevante nas atividades puramente lúdicas e/ou recreativas. Os fenômenos já expostos referentes às pressões culturais, e o decorrente sincretismo imposto, levaram o afrodescendente escravizado a criar, escondido da fiscalização do branco, suas obras artísticas – talhas, esculturas, principalmente – destinadas a preencher uma função ritual; outras vezes eram concebidas com a finalidade de decorar os templos (terreiros e pegis). Apesar da limitação que a sociedade dominante, no passado, impunha a essa atividade, a expansão espiritual do africano extravasou as fronteiras do seu próprio meio, e influenciou vários setores da vida brasileira, principalmente ao nível da cultura popular. Os ex-votos, as toscas figuras talhadas em madeira por nordestinos, foram analisadas e classificadas com filiação direta da arte africana. No entanto, o ex-voto se destina ao pagamento de promessa que o devoto católico fez por graça recebida de algum santo da sua devoção.

Há longo tempo os objetos do culto afro-brasileiro têm sido frequentemente confiscados por agentes da polícia, mas isso não lhes destitui do seu intrínseco caráter de genuíno produto artístico. Entretanto, o fato é por si mesmo um eloquente comentário a respeito da atitude oficial do país relativamente à ação de criar do afro-brasileiro. Vários desses trabalhos têm sido arbitrariamente colecionados e exibidos como peças do Museu da Polícia, no Rio de Janeiro, ou do Instituto Nina Rodrigues na Bahia, órgão de pesquisa psiquiátrica e documentação etnográfica. Um procedimento encontrável em outros estados, como, por exemplo, Alagoas, Pernambuco e Rio Grande do Norte, e revelador da profundidade atingida pelas ideias que consideram o africano um criminoso, ou demente nato, possuidor de uma mente patológica. As "provas" se acumulam naquelas e noutras instituições "científicas" ou folclóricas.

O próprio Nina Rodrigues, em seu principal livro *Os Africanos no Brasil*, nos fornece bom documentário do tipo de "análise científica" que a obra artística do africano era merecedora. Examinando uma escultura representando Xangô, o deus do trovão e da tempestade da religião iorubá, Nina Rodrigues afirma que o autor da peça em madeira possui uma "consciência obscura"; prossegue negando ao mesmo qualquer habilidade técnica, primariamente porque o escultor não fazia uso da proporção "adequada" entre os braços e as pernas. A peça, tão lamentavelmente deformada, não poderia satisfazer os requisitos fundamentais que se exige de uma criação artística[1]. Nina Rodrigues morreu em 1906, e nunca viu as pinturas de um Modigliani ou um quadro como as *Mademoiselles d'Avignon*, de Picasso. Se tivesse visto um desses trabalhos, desconhecendo o nome do autor, Nina certamente o classificaria como mais outra peça do barbarismo africano. Seu "rigor científico" radicalmente mudaria se visse a assinatura de um daqueles importantes nomes europeus, aos quais sua mente colonizada imporia um elogio automático e compulsório.

Crítica dessa qualidade aos trabalhos de arte afro-brasileira, de uma perspectiva aristocrática e racista, olhando de cima para baixo, não é coisa do passado. Embora a influência de Nina Rodrigues permaneça sensível após décadas do seu desaparecimento, a linha de sua análise se modificou, apenas em *sua forma* e em certos aspectos da aparência que a caracterizava. Agora a análise se mascara num diáfano véu paternalista – então nos deparamos com a versão atual daquela crítica em Clarival do Prado Valladares. Este devota um longo estudo crítico para classificar a arte afro-brasileira como representativa do "comportamento arcaico", o qual, obviamente, está no outro lado, "o oposto da lógica racional, premissa inevitável do *comportamento clássico*"[2]. E este – quem não sabe? – consiste das normas e valores da arte europeia inspirados naquilo que a estética grega cristalizou como o excelso e o absoluto. Tais críticos operam em geral atentos à definição elitista de "belas-artes" cujo âmbito abrange, singular e exclusivamente, as expressões que o ocidente branco reconhece como arte. Não importa que às vezes esse crítico procure valorizar algum artista afro-brasileiro através do exame e julgamento da sua obra, pois seguramente a real motivação do seu interesse é de outra natureza. O paternalismo costuma estar subjacente na crítica de intenção promocional, e o artista negro deverá recusar esse tipo de tutela e domesticação, mesmo que lhe custe as evasivas chances de penetrar no pequeno grupo dos artistas que têm mercado. Nem deve o artista negro endossar as classificações hipoteticamente elogiosas (comumente para estimular os possíveis compradores) que os rotula de *folclóricos* ou *pitorescos;* este crítico nos *primitiviza,* aquele nos acha interessante pela *curiosidade* e *exotismo* do nosso trabalho. E, numa recente classificação, somos os artistas afro-brasileiros, os últimos arcaizados!

Esta é a celebração de Valladares, crítico e historiador da arte, que submeteu ao colóquio do Festac '77 o trabalho intitulado *Da Ascendência da África nas Artes Brasileiras*. Valladares presta homenagem aos confiscos policiais de matéria-prima para os estudos críticos de arte afro-brasileira. Anota que:

> a mais importante coleção é aquela preservada no Instituto de História e Geografia de Alagoas, derivada dos sequestros efetuados

> pelos agentes policiais no ano 1910, os quais pertenciam aos cultos regionais das últimas décadas do Século XIX. [...] o sequestro em Maceió em 1910 não teve conexão com aqueles dos períodos seguintes, na segunda década, os quais tiveram lugar na Bahia, Recife, Rio de Janeiro e outros lugares, objetivando *o esmagamento dos cultos africanos no Brasil.* Por causa disso, aqueles objetos foram zelosamente salvaguardados da destruição e agora abrem caminho para quaisquer estudos[3]. (Grifos meus.)

Aos olhos da cultura dominante, os produtos da criatividade religiosa afro-brasileira e dos africanos de modo geral não passavam de curiosidade etnográfica – destituído de significação artística ou ritual. Para se aproximar da "categoria" da "arte sagrada" do ocidente, o artista negro teria de esvaziar sua arte do seu conteúdo africano e seguir os modelos branco-europeus.

Por sua vez, no sentido de "compreender" o trabalho criativo do africano ou afro-brasileiro, os críticos formados sob os critérios estranhos da sociedade branca dominante necessitam preliminarmente esvaziá-los de seu valor intrínseco, conseguindo perceber neles somente aquelas características recomendadas pelo etnocentrismo original que os inspira e guia na classificação do que seria "primitivo", "cru", "tosco" ou "arcaico". Emersos de um contexto espiritual, social e religioso – além de uma herança formal específica – os quais se conjugam para compor uma perspectiva senão oposta, pelo menos radicalmente diferindo daquela de essência ocidental ou ocidentalizada, o produto artístico do negro, por tudo isso, tem sido marginalizado, banalizado ou recebido uma forma de "valorização" que mais se confunde com o desprezo e o desdém. Esse processo de esvaziamento da cultura africana e/ou afro-brasileira do seu valor intrínseco e da sua integridade mereceu de Roger Bastide uma observação perfeita:

> Essas obras [de Nina Rodrigues, Arthur Ramos, Edison Carneiro et. al.], ao deixarem de basear as descrições em alicerces metafísicos, fizeram com que os candomblés surgissem como

um conjunto de sobrevivências desenraizadas, privadas de sua própria seiva, em suma, um emaranhado de superstições (mais folclore do que religião).[4]

Desta escamoteação do *esvaziamento* chegamos ao ponto máximo da técnica de inferiorizar a cultura afro-brasileira: a sua folclorização. Técnica insidiosa e tão entranhada nos métodos e no raciocínio de certos estudiosos que até aquele "analista" bem intencionado revela, consciente ou inconscientemente, sua adesão a tal elenco de crenças negativas. Internacionalmente conhecido, Jorge Amado é o escritor que tem a seu crédito a promoção e a suposta valorização da cultura africana na Bahia. Vários personagens dos seus livros são negros, alguns no papel de protagonistas. Para qualquer um interessado no conhecimento da cultura afro-brasileira, seus romances e novelas são referências obrigatórias. Há o romance *Jubiabá,* entre os mais famosos na sua extensa obra, que nos fornece valiosos elementos para entender o mecanismo do tratamento que se dispensa às religiões de origem africana no estado africano da Bahia. Vejamos alguns trechos[5]:

> Foi quando Joana, que já dançava como se estivesse em transe, foi possuída por Omolu, a deusa da bexiga.
> […] E o tronco de Joana era perfeito de beleza, os seios duros e pontiagudos furando o pano.
> […] Oxalufã, que era Oxalá velho, só reverenciou Jubiabá. E dançou entre as feitas até que Maria dos Reis caiu estremunhando no chão, assim mesmo sacudindo o corpo no jeito da dança, espumando pela boca e pelo sexo.

Se estamos realmente considerando os rituais descritos nessas linhas como expressões do sagrado afro-brasileiro e dos seus ritos religiosos, mesmo levando em conta a liberdade concedida à recriação artística, a descrição de Amado não passa de um sacrilégio. Mas o livro de onde vieram as transcrições é citado frequentemente como sendo uma afirmativa "visão desde dentro" dos rituais do candomblé.

Em outra passagem – e o romance está cheio delas – o autor utiliza a dança ritual como comparação de um espetáculo circense:

> Ela rebola as ancas... Desapareceu toda, só tem ancas. As suas nádegas enchem o circo, do teto até a arena. Rosenda Roseda dança. Dança mística de macumba, sensual como dança da floresta virgem. [...] A dança é rápida demais, é religiosa demais e eles são dominados pela dança. Não os brancos, que continuam nas coxas, nas nádegas, no sexo de Rosenda Roseda. Mas os negros sim... dança religiosa dos negros, macumba, deuses da caça e da bexiga, a saia voando, os seios saltando...

Quanto ao negro protagonista, Antônio Balduíno, é retratado nessas duas passagens: "Era puro como um animal e tinha por única lei os instintos. [...] Era forte e alto como uma árvore, livre como animal, e possuía a gargalhada mais clara da cidade."

Os estereótipos compondo a identidade do herói, assim como suas qualificações animalescas de selvagem, dificilmente requereriam comentários. E complementando, temos a narração do ritual religioso transformando o êxtase espiritual em mera excitação erótica ou num instante de cio animal. A professora norte-americana Doris Turner estudou a obra de Jorge, escreveu sobre ela excelente trabalho, do qual tiramos esta observação:

> Aqui temos uma apresentação de nádegas, quadris, seios, e sexo, tudo selecionado para evocar a "dança mística da macumba, sensual, como dança religiosa". Através do uso da imagem "feroz como dança da floresta virgem", a dança de Rosenda e, por extensão, a dança religiosa afro-brasileira, sugere uma excitação animalesca. [...] O agregado de imagens usado para criar a visão do Candomblé de *Jubiabá* manifesta implicitamente uma negação da religião afro-brasileira como religião, fazendo dela uma selvagem manifestação emocional de sensualidade e erotismo primitivos.[6]

A redução da cultura africana à condição de vazio folclore não revela somente o desprezo ao negro da sociedade vigente, branca, como também exibe a avareza com que essa sociedade explora o afro-brasileiro e sua cultura com intuitos lucrativos. Pois embora a religião e a arte sejam tão ridicularizadas e folclorizadas, elas constituem valiosas e rentáveis mercadorias no comércio turístico. Nesse caminho, as manifestações religiosas negras tornam-se "curiosidades" para entreter visitantes brancos. A folclorização dá um passo em frente ao desenvolver outra etapa do tratamento dispensado à cultura afro-brasileira pela sociedade dominante: a sua *comercialização*.

Cultura africana posta de lado como simples folclore se torna em instrumento mortal no esquema de imobilização e fossilização dos seus elementos vitais. Uma sutil forma de etnocídio. Todo o fenômeno se desenrola envolto numa aura de subterfúgios e manipulações que visam mascarar e diluir sua intenção básica, tornando-o ostensivamente superficial. Os conceitos originários da Europa ocidental que informam e caracterizam uma cultura pretensamente ecumênica, predominam neste país de negros. Para essa cultura de identificação branca o *homem folclórico* reproduz o *homem natural*, aquele que não tem história, nem projetos, nem problemas: ele possui de seu apenas sua alienação como identidade. Sua identidade é, pois, sua mesma alienação. Desde que a matéria-prima é o não ser que aguarda a forma, podemos concluir, a respeito do folclore negro, ser ele uma espécie de matéria-prima que os brancos manipulam e manufaturam para obter lucro.

Todo um processo que caracteriza o tratamento dispensado pela sociedade branca ao afro-brasileiro, iniciado nos primeiros tempos da colonização, completa-se nesta etapa da sua comercialização. O ponto de partida da classe dirigente branca foi a venda e compra de africanos, suas mulheres e seus filhos; depois venderam o sangue africano em suas guerras coloniais; e o suor e a força africanos foram vendidos, primeiramente na indústria do açúcar, depois no cultivo do cacau, do fumo, do café, da borracha, na criação do gado.

"Venderam" o espírito africano na pia do batismo católico assim como, através da indústria turística, comerciam o negro como folclore, como ritmos, danças e canções. A honra da mulher africana foi negociada na prostituição e no estupro. Nada é sagrado para a civilização ocidental branca e cristã. Teria de chegar a vez da venda dos próprios deuses. De fato os orixás estão sendo objeto de recentes e lucrativas transações. Pierre Verger revela que na Bahia:

> Recentemente uma bem sucedida agência imobiliária obteve lucro usando a popularidade e a confiança que os nomes dos orixás inspiram à alta classe de cidadãos, os únicos em condições financeiras para viver em luxuosos apartamentos. Essa agência já construiu 23 edifícios com até 30 andares, os quais estão sob o patrocínio de deuses e deusas iorubás.

Infelizmente, Verger aceita essa empresa de negócios como indicação de que "Os orixás iorubás são reconhecidos como uma realidade viva, e altamente respeitados na vida cotidiana da Bahia e do Brasil em geral"[7].

Já vimos anteriormente a conclusão lógica que Verger tira desse raciocínio: que a sociedade brasileira é "antirracista" e "aberta a todas influências sem distinções". Temos também acabado de examinar algumas indicações muito típicas do lugar ocupado pelos orixás na hierarquia de valores da civilização brasileira: o animalesco frenesi sexual em Jorge Amado; a proibição da missa na Igreja do Rosário em São Paulo; o anátema do bispo no Espírito Santo; as perseguições policiais dos templos afro-brasileiros da Bahia, de Alagoas, de Pernambuco...

Triste ironia e paradoxo: a recente materialização e comercialização da teogonia afro-brasileira, para auferir renda à "alta classe de cidadãos", que até Verger reconhece como sendo composta predominantemente de brancos, são utilizadas para demonstrar a validez daquela mesma conclusão sobre uma sociedade "aberta a todas as influências sem distinções"!

À vista do fato de que os negros não podem jamais comprar apartamentos nesses edifícios de luxo, o uso de deidades africanas não representa nada mais que a demonstração da segura posição econômica mantida pelas classes dominantes brancas. Na fase de crescente segurança, as forças no poder podem se permitir uma certa liberalização em atitudes como essas. Tal fenômeno é referido num trabalho de Frantz Fanon, *Rumo à Revolução Africana*, ao descrever uma situação análoga à focalizada por Verger:

> A verdade é que o rigor do sistema torna supérflua a afirmação diária duma superioridade. A necessidade de apelar para vários graus de apoio e aprovação, para a cooperação dos nativos, modificou as relações numa direção menos crua, mais sutil, mais "cultivada". Não é raro, de fato, ver nesta etapa uma ideologia "democrática e humana". O empreendimento comercial da escravidão, da destruição cultural, *progressivamente dá caminho à mistificação verbal.*[8] (Grifos meus.)

Exatamente, e só como "mistificação verbal" pode ser aceita a "valorização" que Verger deduziu da comercialização progressiva dos cultos religiosos afro-brasileiros.

Algumas pessoas têm afirmado que atualmente essas religiões estão vivendo momentos afirmativos de grande expansão. Tal ocorrência não se poderia concretizar, por motivos conhecidos, sem uma ruptura revolucionária do processo que tem tradicionalmente envolvido e condicionado as religiões afro-brasileiras. Um estudioso dessas questões, o pesquisador e estudioso negro dos Estados Unidos, J. Michael Turner, expressa sua percepção das mais sutis e perigosas implicações contidas nessa aparente expansão:

> O paternalismo que caracterizou os aspectos mais positivos do relacionamento senhor-escravo no decorrer da história brasileira ressurgiu na reação dos brasileiros brancos diante da religião afro-brasileira. A popularização da religião afro-brasileira na Bahia, como uma função da sociedade branca e elemento importante na

sempre crescente indústria de turismo, parece augurar um futuro de nova e talvez mais tortuosa manipulação da religião afro-brasileira.

Continuando, Turner observa as modificações sofridas pelo culto nos últimos quatro anos, e também "a conquista de uma respeitabilidade um tanto falsa junto à comunidade baiana intelectual e artística (predominantemente branca)".⁹

Alguns, não contentes em simplesmente postular a "valorização" das religiões afro-brasileiras em eventos dos tipos referidos, vão além, afirmando que tal ressurgência da religião afro-brasileira está vinculada a uma "valorização" dos negros brasileiros no amplo contexto da sociedade brasileira. Esta é a tese de Pierre Verger, que reitera "O destacado papel desempenhado pelas religiões africanas em dar aos descendentes africanos no Brasil *um aceitável status social*, não deve ser subestimado."

Esse raciocínio de Verger nos conduz à sua pergunta culminante: "Como poderia o negro protestar contra os brancos quando ele os vê se ajoelhando humildemente diante da ialorixá negra para pedir a benção, e assistindo às danças dos orixás com todo respeito devido a eles?"¹⁰

Verger não faz nenhuma tentativa de nos fornecer uma ideia da significação de tal fenômeno como uma tendência geral da sociedade brasileira. Que existam uns poucos ou talvez muitos brancos que participem dos rituais do candomblé, o fato não altera *a realidade social das relações de raça no Brasil no sentido mais amplo.* De fato, o próprio Verger, no próximo parágrafo, deixa escapar que no contexto geral o afro-brasileiro vegeta nas camadas mais baixas da sociedade: "No candomblé, a situação racial é o reverso daquela encontrada na vida ordinária. Aqui é a pessoa de pele escura que domina a de pele alva."¹¹

E então temos, uma vez mais, o intelectual branco desempenhando o papel do paternalista que depois de admitir que o negro no Brasil sofre uma posição inferior na sociedade, nega a ele o direito de protestar contra a situação opressiva e espoliadora. Só temos a lamentar (e a condenar) que Verger use o prestígio que ganhou em anos de pesquisas na África e no Brasil, para colaborar na domesticação do negro; seu papel de ideólogo das classes que oprimem e mantêm o negro nas condições de vida as mais lamentáveis, impõe aos seus trabalhos a marca do academicismo estéril e inútil. Sua obra não se destina ao preenchimento de uma necessidade no desenvolvimento dos povos negros e africanos; muito pelo contrário, o que Verger propõe implicitamente é a fossilização histórica desses povos e culturas, para que assim melhor lhe sirvam de campo de pesquisas... Waldir Freitas Oliveira é outro pertinente caso exemplar desse tipo de racismo camuflado com a máscara da benevolência paternalista. Não percebem que os negros brasileiros não necessitam de permissão dos brancos para exercer seu inalienável – e intransferível – direito e obrigação não só de protestar, mas de lutar contra todas as formas e disfarces do racismo, sinônimo de exploração, opressão e desumanização. Entretanto, não resistimos ao impulso de evocar, em face de tanta hipocrisia e má ciência, as candentes palavras do branco Joaquim Nabuco ecoando desde o século passado: "Quem pode dizer que a raça negra não tem direito de protestar perante o mundo e perante a história contra o procedimento do Brasil?"[12]

XIII.
A ESTÉTICA DA BRANCURA NOS ARTISTAS NEGROS ACULTURADOS

Da exposição que estamos fazendo, podemos resumir uma definição simples e irrefutável: sem exceção, tudo o que sobrevive ou persiste da cultura africana e do africano como pessoa, no Brasil, é a despeito da cultura ocidental europeia dominante, do "branco" brasileiro, e da sociedade que, há quatro séculos, reina no país. Os africanos e seus descendentes, os verdadeiros edificadores da estrutura econômica nacional, são uns verdadeiros coagidos, forçados a alienar a própria identidade pela pressão social, se transformando, cultural e fisicamente, em brancos. Guerreiro Ramos, quem melhor apresentou os valores e o pensamento da estética negra no Brasil, nota que "A aculturação é tão insidiosa que ainda os espíritos mais generosos são por ela atingidos e, assim domesticados pela brancura, quando imaginam o contrário"[1].

Os efeitos da aculturação se revelam num escritor como Raimundo Sousa Dantas, o único negro que exerceu um cargo de embaixador, em Gana, que se declara com orgulho um negro culturalmente branco – um homem ocidental[2]. Diégues Jr., mulato, e membro do Conselho Federal de Cultura, há muitos anos diretor do Centro de Pesquisas Sociais Latino-Americano, órgão da Unesco, sediado no Rio de Janeiro, afirma sua identificação cultural branca no ensaio incluído no livro especialmente publicado pelo Ministério das Relações Exteriores, para o Festival Mundial de Artes Negras, em Dacar: "Nunca se enraizou no brasileiro filho dessas relações entre dois grupos étnicos, nenhum sentimento de preconceito de cor, nenhum tipo de segregação."[3]

Entre nós há inúmeros exemplos de negros e mulatos tão profundamente marcados por essa assimilação a ponto de manifestarem ódio à própria cor. Tentam exorcizar sua negrura usando os recursos da autoflagelação, mas só conseguem o autodesprezo. O etnógrafo Edison Carneiro foi um desses atormentados pela origem racial e certa vez desabafou: "a obra do que chamamos 'civilização do Brasil' foi exatamente a destruição das culturas particulares do negro e do índio". Entretanto, esse mulato da Bahia completou o raciocínio demonstrando um admirável servilismo às classes dominantes quando disse que o fato de "ter rompido esses laços com África, embora por processos muitas vezes brutais, *me parece uma aquisição válida do povo brasileiro*"[4]. (Grifos meus.)

No século passado, poetas de origem negra, como Domingos Caldas Barbosa (1738-1800) ou Manoel Inácio da Silva Alvarenga (1730-1800) seguiram modelos literários europeus, se distanciando completamente de suas raízes ancestrais africanas. O mesmo havia ocorrido com Gregório de Mattos (1633-1696), o famoso satírico "boca do inferno" que tão ferozmente ironizou os mulatos possuidores de amantes negras ou mestiças; seu ideal de beleza era a beleza branca. Mas, conforme também se conta, havia grande diferença entre a atitude literária e social e o comportamento na vida real do poeta: ele também possuiu amantes mulatas, as vítimas fáceis da exploração sexual, ontem e hoje. Ansiosos pela aceitação e o reconhecimento da sociedade vigente, ambicionando atingir os níveis mais elevados da hierarquia social, além de candidatos ao mundo literário, os intelectuais negros e mulatos se submetiam ao implacável processo de branquificação interior. Na música, o padre José Maurício se destaca; na pintura, Manuel da Cunha e, na poesia, Gonçalves Dias. Citamos esses poucos exemplos apenas para caracterizar o preço do imposto pago, pelos escritores e artistas de origem africana, ao precário direito de viver.

Talvez nenhum outro exemplo de assimilação cultural e de pressão social seja tão expressivo e dramático como no caso do poeta negro João da Cruz e Sousa (1861-1897), segundo Roger Bastide "o mais admirável cantor do seu povo"[5]. Com efeito, o profundo sofrimento na vida diária desse poeta e o conteúdo de sua obra literária, são simbólicos da condição de todo o povo negro do Brasil: a de totalmente "emparedado" pela estética da brancura. Cruz e Sousa evoca "Ó formas alvas, brancas,/ Formas claras/ De luares, de neves, de neblinas!..."[6] Em outro trecho, o poeta lamenta:

> então claramente, vejo e sinto, desiludido das Coisas, dos Homens e do Mundo, que o que eu supunha, embriagamento, arrebatamento de amor nas tuas asas, ó loira Águia Germânica! – nada mais foi que o sonambulismo de um sonho à beira dos rios marginados de resinosos alcentros em flor, na dolência da lua nebulosa e fria [...].[7]

Tentou Cruz e Sousa "uma nova e inédita interpretação visual da cor negra", e ainda, conforme Roger Bastide, se teve sucesso, foi por ter "pensado a noite como africano"[8]. A despeito da profunda aculturação que o marcava, há na poesia de Cruz e Sousa a presença difusa, mas identificável da África, ora no ritmo e na musicalidade dos versos, no espiritualismo que antes de corresponder a uma exigência do simbolismo, escola poética à qual se filiava, deixa transparecer uma herança étnico-cultural de impossível erradicação. No entanto, o que está exposto de forma concreta em sua obra são as normas, a inspiração, os símbolos de origem nórdica-europeia que caracterizavam o fenômeno explicado pela competência de Frantz Fanon:

> Porque nenhuma outra solução resta para ele, o grupo social racializado tenta imitar o opressor e assim desracializar-se. A "raça

inferior" nega a si mesma como uma raça diferente. Ela partilha com a "raça superior" as convicções, doutrinas e outras atitudes a respeito dela mesma.⁹

Mas existiram aqueles que se recusaram a desaparecer e combateram a assimilação; entre estes se inscreve o nome de Luís Gama. Ex-escravo, tornou-se advogado para defender sua raça, tendo sido orador abolicionista famoso. Mas nos legou seu verso vingador, que não só canta a beleza negra, como vergasta os negros e mulatos que fogem da própria cor epidérmica e querem se fingir de brancos. Foi um precursor da poesia negra revolucionária do nosso tempo, e numa delas evoca a imagem de sua mãe, da qual foi separado quando tinha oito anos de idade, na Bahia, pelo aristocrata português, seu pai, que o vendera como escravo para um comprador de São Paulo, onde viveu até à morte. Nunca mais, desde a separação, Luís Gama tornou a ver sua mãe, que "Era a mais linda pretinha/ Da adusta Líbia rainha/ E no Brasil pobre escrava"¹⁰.

O poeta castigou a perversão da sociedade brasileira, caracterizada por Guerreiro Ramos como uma *patologia social do "branco" brasileiro*¹¹ e que se traduz na ansiedade mórbida de se tornar mais claro, alvo. Na sátira "Bodorrada", fustiga Luís Gama:

> Se os nobres desta terra empanturrados,
> Em Guiné têm parentes enterrados,
> E, cedendo à prosápia, ou duros vícios,
> Esquecem os negrinhos, seus patrícios,
> Se mulatos de cor esbranquiçada,
> Já se julgam de origem refinada,
> E curvos à mania que os domina,
> Desprezam a vovó que é preta-mina;
> Não te espantes, leitor, da novidade,
> Pois tudo no Brasil é raridade!¹²

Lima Barreto (1881-1922) foi outro que não se dobrou às imposições do meio. Como romancista, suas histórias focalizam em geral o ambiente nos subúrbios do Rio de Janeiro onde vive a maioria da gente negra. Personagens afro-brasileiros vivem nos seus livros, embora o autor não esteja preocupado em aprofundar o conhecimento e análise de sua herança cultural. Lima Barreto, diferentemente de Cruz e Sousa, desenvolveu sua obra numa linguagem viva, quase tão livre como o falar do povo, e desdenhou aqueles escritores que se autoencarceravam aos rigores gramaticais e estilísticos da língua portuguesa usada pelos acadêmicos do Brasil ou de além-mar. Como foi o caso de um Machado de Assis (1857-1913), outro notável fenômeno de assimilação cultural. Retratou em seus escritos principalmente o ambiente e pessoas da classe média, branca, com seus temas, interesses, personagens estranhos ao negro, ou onde este só poderia "infiltrar" como elemento decorativo. Machado de Assis, descendente de africano, fundador da Academia Brasileira de Letras, se obrigava a se exprimir num português acadêmico do melhor estilo; o reconhecimento e a ascensão social que perseguiu, impuseram a Machado um ônus cujo peso ele talvez nem sentisse... Não manteve apenas fidelidade aos padrões e estilos metropolitanos; a rendição de Machado foi tão extrema a ponto de transformá-lo num verdadeiro mestre que aperfeiçoou, enriqueceu e expandiu a língua portuguesa utilizada na criação artística tanto no Brasil quanto em Portugal.

Não é somente na esfera intelectual e artística que o fenômeno da domesticação se mostra enfático. Também no domínio popular. O folclore registra nestes versos singelos a tendência brasileira de obliterar a identidade do africano: "Quando io tava na minha terra/ io chamava Capitão/ chega na terra di branco/ io me chama Pai João!"[13]

Como norma, o tratamento dispensado ao caráter negro na literatura brasileira é o de reduzi-lo à condição do estereótipo. No capítulo II, quando citamos Pierre Verger e Luís Viana Filho, mencionamos alguns desses lugares-comuns: a mãe preta aleitando os filhinhos dos senhores brancos, ninando-os para dormir, ou ensinando a eles as primeiras palavras no português estropiado. Com paciência e devoção, Roger Bastide investigou os inumeráveis estereótipos sobre o africano e seus descendentes na poesia, na prosa e no folclore do país[14]. Fica-se surpreso com a violência manifestada em vários intelectuais brancos, e alguns negros e mulatos; os últimos, na busca de acesso à sociedade dominante, ou ao mundo das letras, não hesitaram em degradar a própria origem étnica. Bastide examinou a obra dos seguintes autores: Bernardo Guimarães, Gregório de Mattos, Mello Morais Filho, Joaquim Manuel de Macedo, Manuel Antônio de Almeida, José de Alencar, Machado de Assis, Júlio Ribeiro, Aluízio de Azevedo, Adolfo Ferreira Caminha, e outros. Entre os estereótipos registrados por Bastide estão os seguintes:

> *o negro bom* – estereótipo da submissão
> *o negro ruim* – estereótipo da crueldade inata, sexualidade desenfreada, imundície, preguiça e imoralidade
> *o africano* – estereótipo da feiúra física, brutalidade crua, feitiçaria e superstição
> *o crioulo* – dissimulação, malícia, esperteza, selvageria
> *o mulato livre* – vaidade pretensiosa e ridícula
> *a mulata e a crioula* – voluptuosidade

Este último estereótipo, o qual já vimos funcionando na "dança religiosa" de Jorge Amado, com remelexos de quadris e sexo espumando, é uma das mais perniciosas imagens, se considerarmos que o apelo da mulata ao branco tem sido creditado como uma das provas irrefutáveis da "democracia racial" no Brasil. Entretanto, a existência desse apelo, para melhor ser dito, reflete uma prova inadmitida e não reconhecida da exploração sexual da mulher negra e mulata. Prova mais uma condenável agressão de caráter patológico que se torna monstruosa normalidade praticada com a frequência e a tranquilidade rotineira dos acontecimentos rituais de uma sociedade profundamente racista...

Jorge de Lima, mulato poeta, fornece outro ângulo do mesmo estereótipo no famoso poema "Essa Negra Fulô". Vejamos, na transcrição de uns poucos versos, como a poesia focalizou a escrava negra cuja sensualidade rouba o senhor branco da sinhá:

> O Sinhô foi ver a negra
> levar couro do feitor.
> A negra tirou a roupa
> O Sinhô disse: Fulô!
> A vista se escureceu
> que nem a negra Fulô.
>
> O Sinhô foi açoitar
> sozinho a negra Fulô.
> A negra tirou a saia
> e tirou o cabeção
> de dentro dele pulou
> nuinha a negra Fulô.[15]

Com todo o mapa dessa tradição literária diante dos olhos, Guerreiro Ramos, com a precisão que o caracteriza, concluiu: "o que importa assinalar é que se formou entre nós uma literatura, principalmente de caráter poético, que explora os motivos negros em termos reacionários, embora seus autores sejam animados das melhores intenções"[16].

XIV.
UMA REAÇÃO CONTRA O EMBRANQUECIMENTO: O TEATRO EXPERIMENTAL DO NEGRO

> *Minha consciência negra não se oferece como uma carência. Ela é.*
>
> Frantz Fanon

Para confrontar o desafio implícito na situação descrita nas páginas precedentes, fundamos em 1944, no Rio de Janeiro, o Teatro Experimental do Negro – TEN, com os seguintes objetivos básicos: a. resgatar os valores da cultura africana, marginalizados por preconceito à mera condição folclórica, pitoresca ou insignificante; b. através de uma pedagogia estruturada no trabalho de arte e cultura, tentar educar a classe dominante "branca", recuperando-a da perversão etnocentrista de se autoconsiderar superiormente europeia, cristã, branca, latina e ocidental; c. erradicar dos palcos brasileiros o ator branco maquilado de preto, norma tradicional quando a personagem negra exigia qualidade dramática do intérprete; d. tornar impossível o costume de usar o ator negro em papéis grotescos ou estereotipados: como moleques levando cascudos, ou carregando bandejas, negras lavando roupa ou esfregando o chão, mulatinhas se requebrando, domesticados Pais Joões e lacrimogêneas Mães Pretas; e. desmascarar como inautêntica e absolutamente inútil a pseudocientífica literatura que a pretexto de estudo sério focalizava o negro, salvo raríssimas exceções, como um exercício esteticista ou diversionista: eram ensaios apenas acadêmicos, puramente descritivos, tratando de história, etnografia, antropologia, sociologia, psiquiatria, e assim por diante, cujos interesses estavam muito distantes dos problemas dinâmicos que emergiam do contexto racista da nossa sociedade.

O Teatro Experimental do Negro – TEN iniciou sua tarefa histórica e revolucionária convocando para seus quadros pessoas originárias das classes mais sofridas pela discriminação: os favelados, as empregadas domésticas, os operários desqualificados, os frequentadores dos terreiros. Com essa riqueza humana, o TEN educou, formou e apresentou os primeiros intérpretes dramáticos da raça negra – atores e atrizes – do teatro brasileiro. Seguindo esta orientação, o TEN inspirou e estimulou a criação de uma literatura dramática baseada na experiência afro-brasileira, dando ao negro a oportunidade de surgir como personagem-herói, o que até então não se verificara, salvo os raros exemplos mencionados do negro como figura estereotipada (como ocorria em peças como *Mãe* e *Demônio Familiar*, ambas de José de Alencar). Em sua antologia, *Dramas Para Negros e Prólogo Para Brancos*, o TEN documenta essa fase pioneira da nossa dramaturgia. Não separávamos nossa atuação no palco dos acontecimentos político-sociais de interesse para os descendentes africanos. Por isso, o TEN promoveu, entre outros certames, a Convenção Nacional do Negro (São Paulo e Rio de Janeiro, 1945-1946) e o 1º Congresso do Negro Brasileiro (Rio de Janeiro, 1950). Diversos trabalhos apresentados a este congresso, por escrito ou em forma oral, estão reunidos no volume *O Negro Revoltado*.

Extensa e profunda foi a influência que o TEN exerceu, tanto no setor propriamente teatral como, de maneira geral, na sociedade brasileira; um documentário a respeito se acha publicado no livro *Teatro Experimental do Negro: Testemunhos*. Na introdução deste volume o escritor Efraím Tomás Bó sublinha a perspectiva negra de concepção do mundo, a qual nada tem a ver com a visão arcaica. Trata-se, para Bó, de uma cosmovisão antiga e atual: "o negro, negro que é, tem olhos e ouvidos e consciência para perceber o mundo e qualificá-lo, reinterpretando-o com seus calejados olhos e ouvidos negros de hoje"[1].

Em sua importante obra sob o título *Introdução Crítica à Sociologia Brasileira*, Guerreiro Ramos escreve:

> O Teatro Experimental do Negro foi, no Brasil, o primeiro a denunciar a alienação da antropologia e da sociologia nacional, focalizando os povos de cor à luz do pitoresco, ou do histórico puramente, como se se tratasse de elemento estático ou mumificado. Esta denúncia é um *leitmotiv* de todas as realizações do TEN, entre as quais seu Jornal *Quilombo*, a Conferência Nacional do Negro (1949), e o Primeiro Congresso do Negro Brasileiro, realizado em 1950.[2]

Fiel à sua orientação pragmática e dinâmica, o TEN evitou sempre adquirir a forma anquilosada e imobilista de uma instituição acadêmica. A estabilidade burocrática não constituía o seu alvo. O TEN atuou sem descanso como um fermento provocativo, uma aventura da experimentação criativa, propondo caminhos inéditos ao futuro do negro, ao desenvolvimento da cultura brasileira. Para atingir esses objetivos, o TEN se desdobrava em várias frentes: tanto denunciava as formas de racismo sutis e ostensivas, como resistia à opressão cultural da brancura; procurou instalar mecanismos de apoio psicológico para que o negro pudesse dar um salto qualitativo para além do complexo de inferioridade a que o submetia o complexo de superioridade da sociedade que o condicionava. Foi assim que o TEN instaurou o processo dessa revisão de conceitos e atitudes, visando à liberação espiritual e social da comunidade afro-brasileira. Processo que está na sua etapa inicial, convocando a conjugação do esforço coletivo da presente e das futuras gerações do negro brasileiro.

Com efeito, a geração atual dos jovens descendentes de africanos está demonstrando um promissor espírito rebelde. Apesar das difíceis condições vigentes no Brasil, impostas pela ditadura militar desde 1964, com a supressão das liberdades públicas e das garantias dos direitos individuais e humanos, há tentativas que denunciam a inquietude dos jovens na procura de um caminho válido. E isto se torna mais difícil por causa do ambiente verificável no país, vazio de esperança e cheio de confusão. Essas realidades tornam compreensível o fenômeno que se verifica nas grandes cidades como o Rio de Janeiro e São Paulo, onde a juventude negra canaliza suas ansiedades para movimentos como estes intitulados de "Black Mad" ou de "Soul"[3], utilizando a música, a dança, o vestuário, o corte do cabelo e outros símbolos como demonstrativos de inconformismo e confrontação. E também para evadir do sentimento de frustração, mesmo ao custo de recorrer a modelos alienados, cuja origem ostensiva são os estilos cultivados pelos negros dos Estados Unidos. Quem pode adivinhar se essa iniciativa, aparentemente equivocada, não se transformará num movimento de tomada de consciência e de uma afirmação original afro-brasileira?

Porém nem toda a geração jovem está comprometida nesse tipo de atividades. Boa parte dela possui uma nítida consciência de suas responsabilidades diante das condições de penúria, marginalização e desprezo vigorantes para os afro-brasileiros de modo geral. Este é o caso do grupo baiano que tenta articular um instrumento que ajude seus irmãos negros atingidos pelos conceitos negativos à sua dignidade de ser humano e às suas possibilidades como protagonista histórico capaz de contribuir para a história e a cultura do seu povo. Ameaçados pela doutrinação e pelo paternalismo do branco, alguns negros na Cidade do Salvador se reuniram e fundaram o Núcleo Cultural Afro-Brasileiro. Lançaram manifesto parcialmente publicado na *Tribuna da Bahia*, , definindo que "o preconceito não é econômico, como muita gente afirma, pois até nas classes mais baixas os brancos discriminam os pretos de igual posição econômica"[4].

O Núcleo promoveu um seminário sobre o Negro nas Ciências Sociais, durante o qual examinou os fatores e os produtos da ideologia da branquificação coerciva. No documento resultante desse encontro, os participantes põem em relevo que

> vítima dessa ideologia, o negro não assume a sua negritude, negando-se a si próprio e arriscando-se a sofrer vários problemas psicológicos, ao negar sua própria essência, ao querer imitar gestos, atitudes e até mesmo frequentar salões de beleza a fim de espichar o cabelo para assim branquear-se

Resumindo tudo o que foi apresentado, debatido e examinado pelos seminaristas, o manifesto divulgou com absoluta propriedade a seguinte conclusão: "Este terrível condicionamento psicológico marca o negro para o resto da vida, conduzindo-o a uma situação de pária social, através de sua autorejeição."

Outras tentativas de organizar a gente negra em torno de semelhantes propósitos discretamente desenvolvem seus esforços em vários estados do país. Mencionaremos o Instituto de Pesquisas das Culturas Negras, que reúne, no Rio de Janeiro, uma juventude seriamente dedicada ao projeto a que se propôs. Trata-se, sem dúvida, de um grupo que muito poderá contribuir numa mudança de qualidade no destino do negro, se perseverar e não desistir diante dos inumeráveis obstáculos que terá de enfrentar. Em São Paulo, onde existe uma muito ativa e politizada comunidade negra, funcionam a Casa da Cultura Afro-Brasileira, e as sete entidades que convocaram o Movimento Unificado Contra a Discriminação Racial ao organizar o ato público realizado nas escadarias do Teatro Municipal de São Paulo, dia 7 de julho 1978. São elas o Grupo Afro-Latino-América, Grupo de Atletas Negros, Associação Cultural Recreativa Brasil Jovem, Grupo de Artistas Negros, Afro-Latino-América (Rio de Janeiro), Associação Cristã Brasileira Beneficente, Instituto Brasileiro de Estudos Africanistas. Manifestaram sua adesão ao ato público várias entidades da Bahia, como também do Rio de Janeiro, entre estas o Centro de Estudos Brasil-África (CEBA) e o G.R.A.N. Escola de Samba Quilombo. Em Porto Alegre (Rio Grande do Sul) atua o Grupo Palmares, liderado por alguns jovens egressos de universidades, além de outros grupos como, por exemplo, aquele que edita o jornal *Tição*. Em São Paulo, o poeta Oswaldo Camargo lidera o lançamento do periódico *Abertura*. Há muito esforço anônimo, muita luta negra espalhada pelo vasto território nacional. Mesmo sem uma ligação formal, todos esses grupos, pessoas, energias e realizações estão comprometidos, são cúmplices, numa mesma tarefa histórica que é a continuidade do processo de libertação da raça, estabelecido no Brasil pelos primeiros africanos que pisaram o chão do país. São os precursores desse esforço contemporâneo e tanto se denominaram quilombos e revoltas como se chamaram Zumbi, Chico-Rei (Minas Gerais, século XVIII), André Rebouças, José de Patrocínio, Luís Gama; o inesquecível herói da Revolta da Chibata, João Cândido; entre os mais recentes aí estão um Aguinaldo Camargo, Sebastião Rodrigues Alves e Fernando Góes. José Correia Leite foi co-fundador da Frente Negra Brasileira, em São Paulo, movimento cultural e político que empolgou as massas afro-brasileiras na década de 1930, floresceu e se espalhou por vários estados da Federação. Terminou fechado pela ditadura do Estado Novo, em 1937, que proibiu toda e qualquer atividade associativa no país.

Os participantes do ato público de julho de 1978 distribuíram a seguinte

CARTA ABERTA À POPULAÇÃO
CONTRA O RACISMO

Hoje estamos na rua numa campanha de denúncia!
 Campanha contra a discriminação racial, contra a opressão policial, contra o desemprego, o subemprego e a marginalização. Estamos nas ruas para denunciar as péssimas condições de vida da Comunidade Negra.

Hoje é um dia histórico. Um novo dia começa a surgir para o negro!

Estamos saindo das salas de reuniões, das salas de conferências e estamos indo para as ruas. Um novo passo foi dado na luta contra o racismo.

Os racistas do Clube de Regatas Tietê que se cubram, pois exigiremos justiça. Os assassinos dos negros que se cuidem, pois a eles também exigiremos justiça!

O MOVIMENTO UNIFICADO CONTRA A DISCRIMINAÇÃO RACIAL foi criado para ser um instrumento de luta da comunidade Negra. Este movimento deve ter como princípio básico o trabalho de denúncia permanente de todo ato de discriminação racial, a constante organização da comunidade para enfrentarmos todo e qualquer tipo de racismo. Todos nós sabemos o prejuízo social que causa o racismo. Quando uma pessoa não gosta de um negro é lamentável, mas quando toda uma sociedade assume atitudes racistas frente a um povo inteiro, ou se nega a enfrentar, aí então o resultado é trágico para nós negros:

Pais de família desempregados, filhos desamparados, sem assistência médica, sem condições de proteção familiar, sem escolas e sem futuro. E é este racismo coletivo, este racismo institucionalizado, que dá origem a todo tipo de violência contra um povo inteiro. É este racismo institucionalizado que dá segurança para a prática de atos racistas como os que ocorreram no Clube Tietê, como o ato de violência policial que se abateu sobre Robson Silveira da Luz, no 44º Distrito Policial de Guaianazes, onde este negro, trabalhador, pai de família, foi torturado até a morte. No dia 19 de julho, Nilton Lourenço, mais um negro operário, foi assassinado por um policial no bairro da Lapa, revoltando toda a comunidade e o povo em geral.

Casos como estes são rotina em nosso país, que se diz democrático.

E tais acontecimentos deixam mais evidente e reforçam a justiça de nossa luta, nossa necessidade de mobilização.

É necessário buscar formas de organização. É preciso garantir que este movimento seja um forte instrumento de luta permanente da comunidade, onde todos participem de verdade, definindo os caminhos do movimento. Por isto chamamos todos para engrossarem o MOVIMENTO UNIFICADO CONTRA A DISCRIMINAÇÃO RACIAL.

    Portanto, propomos a criação de CENTROS DE LUTA DO MOVIMENTO UNIFICADO CONTRA DISCRIMINAÇÃO RACIAL nos bairros, nas vilas, nas prisões, nos terreiros de candomblé, nos terreiros de umbanda, nos locais de trabalho, nas escolas de samba, nas igrejas, em todo o lugar onde o negro vive: CENTROS DE LUTA que promovam o debate, a informação, a conscientização e organização da comunidade negra, tornando-nos um movimento forte, ativo e combatente, levando o negro a participar em todos os setores da sociedade brasileira.

    Convidamos aos setores democráticos da sociedade que nos apoiem, criando as condições necessárias para criar uma verdadeira democracia racial.

    – CONTRA A DISCRIMINAÇÃO RACIAL!
    – CONTRA A OPRESSÃO POLICIAL!
    – PELA AMPLIAÇÃO DO MOVIMENTO!
    – POR UMA AUTÊNTICA DEMOCRACIA RACIAL!

"Movimento Unificado Contra a Discriminação Racial"

XV.
CONCLUSÃO

Na impossibilidade de apelar para a consciência brasileira, acreditamos que a consciência humana não poderá mais permanecer inerte, endossando a revoltante opressão e liquidação coletiva dos afro-brasileiros que estamos documentando nestas páginas, tanto mais eficaz quanto insidiosa, difusa e evasiva. Caracteriza-se o racismo brasileiro por uma aparência mutável, polivalente, que o torna único; entretanto, para enfrentá-lo, faz-se necessário travar a luta característica de todo e qualquer combate antirracista e antigenocida. Porque sua unicidade está só na superfície; seu objetivo último é a obliteração dos negros como entidade física e cultural. Tudo de conformidade com a observação de Florestan Fernandes: "Uma situação como esta envolve mais do que desigualdade social e pobreza insidiosa. Pressupõe que os indivíduos afetados *não estão incluídos como grupo racial na ordem social existente como se não fossem seres humanos* nem cidadãos normais."[1] (Grifos meus.)

Também Anani Dzidzienyo penetra fundo e vai até à essência mesma dessa ficção democrática e racial:

> A posição do negro brasileiro num Brasil dominado pelos brancos difere daquela dos negros em sociedades similares em qualquer lugar somente na medida em que a ideologia brasileira de não

discriminação – não refletindo a realidade e, aliás, camuflando-a – consegue *sem tensão* o mesmo resultado obtido pelas sociedades abertamente racistas.[2]

Existem muitos outros elementos disponíveis para reforçar, se preciso fosse, a moldura e o conteúdo racista da "democracia racial"; porém, acredito na suficiência irreversível dos testemunhos reunidos na seqüência deste ensaio. Esta é a nossa contribuição na denúncia que, através dos anos e de várias formas e maneiras, tem confrontado a arrogância e a pretensiosidade racial da sociedade brasileira. O silêncio equivaleria ao endosso e aprovação desse criminoso genocídio perpetrado com iniquidade e patológico sadismo contra a população afro-brasileira. E nosso repúdio, nossa repulsa profunda e definitiva, engloba o inteiro complexo da sociedade brasileira estruturada pelos interesses racistas e capitalistas do colonialismo, até hoje vigentes, os quais vêm mantendo a raça negra em séculos de martírio e inexorável destruição.

Quando os africanos e seus descendentes ainda permaneciam escravizados no Brasil, e juridicamente não eram reconhecidos como seres humanos, não podiam utilizar-se da lei para se defender. Perfeitos condenados à morte civil, mereceram os cuidados de Joaquim Nabuco que se autoavocou o "mandato da raça negra" e assumiu a defesa jurídica dos escravos. Foi um gesto altruísta.

Atualmente, entretanto, os negros rejeitam qualquer tipo ou forma de "mandato" advogado por brancos em nosso nome – seja ele o mandato da casa dos representantes do capitalismo ou de qualquer ideologia, doutrina ou sistema que não reflita, de forma autêntica, os reclamos da experiência negra e africana; que não se ajuste aos objetivos humanísticos, políticos, econômicos e culturais que se radicam historicamente na estrutura comunal ou coletivista da tradição africana de organização da sociedade. O pensamento e a ação dos negros e africanos deverão proceder a uma atualização crítica e revolucionária dos valores especificamente seus, integrando, somando os valores de outras origens, selecionados segundo o critério da sua funcionalidade e apropriadamente reduzidos às necessidades da Revolução Africana. Devemos nós, africanos e seus descendentes, enfatizar nossa capacidade de agir no projeto deste mundo atual, o de modelar a civilização do futuro, aberta a todos os eventos e expressões da existência humana, livre de exploradores e explorados, o que resulta na impossibilidade de haver opressores e oprimidos de qualquer raça ou cor epidérmica. Não desejamos transferir para outros as responsabilidades que a história nos outorgou.

Portanto,

CONSIDERANDO: A inviabilidade de uma imediata revolução de caráter verdadeiramente popular e democrática no Brasil, capaz de mudar radicalmente as estruturas de poder e dominação na economia, na política e na estrutura social; uma revolução que, transformando o "branco" brasileiro, venha a erradicar os fundamentos racistas da sua cultura;

CONSIDERANDO: que um dos objetivos deste colóquio, segundo seu diretor, é fazer "recomendações específicas para governos e líderes de comunidades nos campos da educação, arte e cultura, da ciência e tecnologia";

CONSIDERANDO: a gravidade dos fatos documentados e expostos nas páginas deste ensaio;

CONSIDERANDO: a urgente necessidade de medidas práticas no sentido de preservar a população afro-brasileira da extinção;

CONSIDERANDO: que todas as formas de colonialismo e neocolonialismo devem ser proscritas, sejam de tipo territorial, econômico, político, cultural ou psicológico;

CONSIDERANDO: que este colóquio tem a precípua finalidade de apoiar e contribuir para a aceleração do corrente processo de libertação dos povos africanos e dos povos de descendência africana em qualquer parte do mundo;

Por meio deste, proponho: que este colóquio se dirija ao governo do Brasil e, como um gesto de colaboração, ofereça ao mesmo as seguintes recomendações sobre providências concretas a serem tomadas pelo dito governo; recomendações estas que submeto à aprovação da Assembleia Geral deste colóquio:

1. Este colóquio recomenda que o governo do Brasil permita e estimule a livre e aberta discussão dos problemas dos descendentes de africanos no país; e que encoraje e financie pesquisas sobre a posição econômica, social e cultural ocupada pelos afro-brasileiros dentro da sociedade brasileira, em todos os níveis;
2. Este colóquio recomenda que o governo brasileiro localize e publique documentos e outros fatos e informações possivelmente existentes em arquivos privados, cartórios, arquivos de câmara municipal de velhas cidades do interior, referentes ao tráfico negreiro, à escravidão e à abolição; em resumo, qualquer dado que possa ajudar a esclarecer e aprofundar a compreensão da experiência do africano escravizado e de seus descendentes;
3. Este colóquio recomenda que o governo brasileiro inclua quesitos sobre raça ou etnia em todos os futuros censos demográficos; que em toda informação que o dito governo divulgue, tanto para consumo doméstico como internacional a respeito da composição demográfica do país, não se omita o aspecto da origem racial/étnica;
4. Este colóquio recomenda que o governo brasileiro inclua um ativo e compulsório currículo sobre a história e as culturas dos povos africanos, tanto aqueles do continente como os da diáspora; tal currículo deve abranger todos os níveis do sistema educativo: elementar, médio e superior;
5. Este colóquio recomenda que o governo brasileiro tome medidas ativas para promover o ensino e o uso prático de

línguas africanas, especialmente as línguas *ki-swahili* e iorubá; o mesmo em relação aos sistemas religiosos africanos e seus fundamentos artísticos; que o dito governo promova válidos programas de intercâmbio cultural com as nações africanas;

6. Este colóquio recomenda que o governo do brasil estude e formule compensações aos afro-brasileiros pelos séculos de escravização criminosa e decênios de discriminação racial depois da abolição; para esse fim se deverá drenar recursos financeiros e outros, compulsoriamente originados da Agricultura, do Comércio e da Indústria, setores que historicamente têm sido beneficiados com a exploração do povo negro. Tais recursos constituirão um fundo destinado à construção de moradias, que satisfaçam às exigências da condição humana, em substituição às atuais habitações segregadas onde vive a maioria dos afro-brasileiros: favelas, cortiços, mocambos, porões, cabeças-de-porco, e assim por diante. O fundo sustentaria também a distribuição de terras no interior do país para os negros engajados na produção agropecuária;

7. Este colóquio recomenda que o governo brasileiro remova os objetos da arte afro-brasileira assim como os de sentido ritual encontrados hoje em instituições de polícia, de psiquiatria, história e etnografia; e que o dito governo estabeleça museus de arte com finalidade dinâmica e pedagógica de valorização e respeito devidos à cultura afro-brasileira; de preferência, tais museus se localizariam nos estados com significativa população negra, tais como Bahia, Maranhão, Pernambuco, Alagoas, Minas Gerais, Rio de Janeiro, São Paulo, Sergipe, Rio Grande do Sul;

8. Este colóquio recomenda que o governo brasileiro conceda efetivo apoio, material e financeiro, à existentes e futuras associações afro-brasileiras com finalidade de pesquisa, informação e divulgação nos setores de educação, arte, cultura e posição socioeconômica da população afro-brasileira.

9. Este colóquio recomenda que o governo brasileiro tome medidas rigorosas e apropriadas para o efetivo cumprimento da lei Afonso Arinos, fazendo cessar o papel burlesco que tem desempenhado até agora;
10. Este colóquio recomenda que o governo brasileiro tome ativas providências, ajuste as realidades do país, para que de nenhuma forma se permita ou possibilite a discriminação racial ou de cor no emprego, garantindo a igualdade de oportunidade que atualmente inexiste entre brancos, negros e outras nuanças étnicas.
11. Este colóquio recomenda que o governo brasileiro exerça seu poder através de uma justa política de redistribuição da renda, tornando impraticável que, por causa da profunda desigualdade econômica imperante, o afro-brasileiro seja discriminado, embora sutil e indiretamente, em qualquer nível do sistema educativo, seja o elementar, o médio ou o universitário.
12. Este colóquio recomenda que o governo brasileiro estimule ativamente o ingresso de negros no Instituto Rio Branco, órgão de formação de diplomatas pertencente ao Ministério de Relações Exteriores.
13. Este colóquio recomenda que o governo brasileiro nomeie negros para o cargo de embaixador e diplomata para as Nações Unidas e junto aos Governos de outros países do mundo.
14. Este colóquio recomenda que o governo brasileiro estimule a formação de negros como oficiais superiores das Forças Armadas (Exército, Marinha e Aeronáutica) com promoções no serviço ativo até os postos de general, almirante, brigadeiro e marechal.
15. Este colóquio recomenda que o governo brasileiro nomeie negros para os altos escalões do Governo Federal em seus vários ministérios e outras repartições do Executivo, incluindo

órgãos superiores como o Conselho Federal de Cultura, o Conselho Federal de Educação, o Conselho de Segurança Nacional, o Tribunal de Contas.

16. Este colóquio recomenda que o governo Brasileiro estimule e encoraje a formação e o desenvolvimento de uma liderança política negra, representando os interesses específicos da população afro-brasileira no Senado Federal, na Câmara dos Deputados, nas Assembleias Legislativas Estaduais e nas Câmaras Municipais; que o dito governo nomeie negros para os cargos de juizes estaduais e federais, inclusive para o Supremo Tribunal Federal, Superior Tribunal Eleitoral, Superior Tribunal Militar, Superior Tribunal do Trabalho e o Tribunal Federal de Recursos.

17. Este colóquio recomenda que o governo brasileiro concretize sua tão proclamada "amizade" com a África independente e sua tão frequentemente manifestada posição anticolonialista, dando efetivo apoio diplomático e material aos legítimos movimentos de libertação nacional de Zimbabwe, Namíbia e África do Sul.

Universidade de Ifé
Ilé-Ifé, Nigéria, 15 de novembro de 1976

ANEXOS

1.
Colóquio do Segundo Festival Mundial de Artes e Culturas Negras e Africanas: Relatório das Minorias

Grupo IV: Civilização Negra e Governos Africanos

Tendo em vista o fato da existência de numerosas comunidades culturais e políticas negras e africanas fora do continente africano, consideramos essencial que este colóquio e os governos africanos reconheçam esse fato, assumam certas responsabilidades diante dele e, reciprocamente, reconheçam que as referidas comunidades têm mostrado e continuarão mostrando certas responsabilidades diante do continente.

Além do mais, é importante que os governos africanos reconheçam e respeitem o fato de que essas comunidades africanas fora do continente têm relações com seus respectivos governos, no interesse próprio, pois são constituídas de cidadãos residentes nos estados sob tais governos.

Ao oferecermos estas recomendações, temos em vista, basicamente, quatro tipos de comunidades negras e africanas, apreciadas sob os aspectos político e cultural. O primeiro tipo é o estado multiétnico, controlado por negros, como no Caribe. Em estados independentes, a exemplo dos existentes na área do Caribe, isto é, Trinidad e Tobago, Jamaica, Guiana, Suriname e Haiti, com governos predominantemente negros controlando a economia e estrutura social da nação, e cuja população multirracial foi formada no amálgama da dominação colonial, a tendência subjacente é a busca de perspectiva histórica e sustento espiritual nas nações africanas. Procura-se obter conhecimento das civilizações antigas que sirvam como influência determinante na futura direção ideológica e filosófica dessas novas nações.

O segundo exemplo de comunidades negras e africanas fora do continente é a comunidade negra minoritária dentro dum estado multiétnico, exemplificado pelo Reino Unido (Inglaterra, Escócia, Irlanda) e os Estados Unidos.

Dada a situação angustiosa dos povos negros descendentes de africanos, vivendo como um grupo étnico minoritário no Reino Unido e outros países europeus, gostaríamos de chamar a atenção do colóquio, especificamente no seu trabalho sob o tema de Governos Africanos, para a necessidade de apoio político, econômico e cultural requerido por essas comunidades em sua luta para manter a própria dignidade, integridade e humanidade. Nós sentimos que por demasiado tempo os povos africanos fora do Continente têm sido forçados a lutar para sobreviver, enquanto nossos irmãos e irmãs continentais tentam nos repudiar.

Os negros lutam diariamente nessas sociedades contra o preconceito racial e a discriminação na moradia, na educação e no emprego. Muitos estão conscientes de que o seu destino depende da luta no continente africano porque, como disse o visionário jamaicano, Marcus Garvey, "quando a África estiver livre, o negro estará livre".

Deve ser dito que os africanos nos Estados Unidos estão se envolvendo cada vez mais no processo de governar, e a maioria deles tem uma relação significativa com os países africanos. E no que se refere aos Estados Unidos, esse envolvimento tem levantado três questões gerais: 1. a luta pela participação; 2. a luta contra atos negativos do Estado; 3. a luta por uma resposta justa e humana do Estado aos países e povos africanos no continente.

A comunidade africana nos Estados Unidos teve um crescimento no número de candidatos eleitos de 300% dentro dos últimos cinco anos, em todos os escalões do governo (judiciário, legislativo, executivo). Parece que esse modelo de participação de negros no governo dos Estados Unidos vai continuar e até acelerar e, portanto, o colóquio está convocado para reconhecer tal participação e encorajá-la, na medida em que essa prática melhora as possibilidades de sobrevivência e prosperidade dessa comunidade africana.

Segundo, temos o princípio de que quando o estado (formalmente através dos atos do governo ou informalmente através da sociedade) sanciona qualquer forma de opressão às comunidades Africanas, estas têm o direito de lutar contra esses atos.

A comunidade africana nos Estados Unidos vem sofrendo várias formas de opressão que variam desde as formas modernas da discriminação racial aos vários programas negativos de realizações públicas e de legislação. Essas formas perpetuam as condições de vida inferior e a subjugação das classes economicamente baixas à intimidação policial, ao confinamento e à morte.

Num esforço de permitir que a comunidade africana nos Estados Unidos se defenda contra o ataque e sobreviva, criaram-se organizações como base de luta. Algumas destas atuam como partidos militantes operando dentro da moldura da prática revolucionária; outras se têm configurado como grupos nacionais de orientação reformista, utilizando táticas jurídicas e de pressão política ao lado de outras formas de mobilização política das elites africanas nacionais; outras organizações têm simplesmente tentado fornecer serviços sociais para atendimento de certas necessidades humanas imediatas a nível da comunidade local. Embora não sejam esses tipos de organização uniformes na estratégia e na tática adotadas por cada uma, elas estão unidas no propósito de conquistar melhores condições de existência para a comunidade africana norte-americana.

O colóquio, portanto, sem legitimar qualquer das estratégias, táticas ou organizações em particular, deve afirmar seu apoio à permanência contínua dessas organizações, sustentando o princípio de luta contra os atos negativos do Estado cometidos contra esta e outras comunidades africanas fora do continente.

Em terceiro lugar, temos a necessidade de reconhecer a luta para a adoção de atitudes e projetos direcionados aos Estados africanos, que sejam humanos e justos no âmbito da moldura requerida pelas aspirações africanas.

Nós conhecemos as várias políticas negativas referentes à África perseguidas pelos Estados Unidos e acreditamos que as comunidades africanas fora do continente, especialmente a dos Estados Unidos, têm a responsabilidade de utilizar qualquer meio ao seu alcance para influenciar seu governo na adoção de políticas progressistas para com os estados africanos. Políticas que, dentro da moldura de cooperação mútua e na perspectiva dos objetivos africanos de crescimento e desenvolvimento futuro, permitam aos mesmos trabalhar seu próprio destino de progresso dos seus povos e de liderança nos assuntos internacionais, num espírito de independência verdadeira e autodeterminação.

O terceiro exemplo de comunidades africanas fora do continente se refere àquelas nas quais os negros constituem uma comunidade majoritária controlada por uma minoria racial como é o caso do Brasil. Os descendentes africanos no Brasil constituem a maioria da população do país; mas a despeito desse fato, não têm poder significativo e nem participação na direção do país em qualquer nível decisório: político, econômico, social ou cultural. As raras exceções existem apenas para confirmar a regra.

As estruturas das relações raciais não se têm modificado desde os tempos coloniais até os dias presentes. Ontem eram os africanos escravizados. Hoje são os negros discriminados.

O governo brasileiro, através de sua Lei de Segurança Nacional, intimida e desencoraja a pesquisa livre e a discussão aberta das relações raciais entre negros e brancos. Desde 1950, o Brasil vem excluindo todas as informações sobre a origem racial dos brasileiros nos censos tanto demográficos como outros, tais como emprego, participação na indústria e agricultura, casamentos, crime, participação na renda nacional etc. Isto impede aos negros a obtenção dos indispensáveis elementos esclarecedores da própria situação no contexto do país, o que não só impede que eles ganhem uma consciência histórica, como ainda lhes nega o instrumento estatístico indispensável aos seus esforços em melhorar suas atuais condições de vida.

No Brasil, não há em nenhum dos graus do sistema educacional o ensino da História Africana, nem da história dos africanos fora do continente. Quando ocorre a eventualidade de um curso referente a essas matérias, é no sentido de perpetuar os conceitos neocolonialistas e racistas sobre a África e seus povos. A política imigratória do país tem uma longa história de desencorajar a entrada de africanos, enquanto ativamente promove, apoia e subsidia a imigração em massa de brancos europeus. De fato, o Brasil tem ostensivamente aberto suas portas à imigração de brancos racistas fugitivos dos países africanos libertados, incluindo os do antigo Congo (Zaire), de Angola e Moçambique. Significativamente, para o Brasil foram os antigos salazaristas Caetano e Thomas, quando derrubados da ditadura de meio século pelos revolucionários portugueses.

As comunidades africanas no Brasil sofrem contínua intimidação policial, tanto as pessoas na via pública, como suas organizações culturais e religiosas: até hoje as religiões afro-brasileiras permanecem como as únicas entidades religiosas forçadas, obrigatoriamente, ao arbitrário registro policial.

As relações íntimas, diplomáticas e comerciais, do Brasil com Portugal salazarista e África do Sul são fatos registrados pela história. Durante o processo de descolonização da África, os arquivos da ONU mostram que o Brasil, não obstante suas enfáticas declarações verbais anticolonialistas, consistentemente votou contra ou se absteve de votar as resoluções concretas em favor da independência. Este fato resulta, entre outras coisas, do acordo de amizade e de consulta recíproca, em assuntos de política internacional, que ligou o Brasil ao Portugal colonialista de Salazar. Com Argentina e África do Sul, o Brasil tem feito movimentos conjugados visando um "tratado de aliança" do Atlântico Sul.

O quarto e último exemplo de comunidade africana fora do continente se refere à situação única na qual os habitantes primitivos de uma terra se tornaram uma comunidade minoritária devido ao genocídio étnico e cultural cometido contra eles pela comunidade dominante, como acontece na Austrália.

Os negros e os africanos do mundo inteiro pouco sabem dos efeitos desastrosos do racismo sobre os australianos negros. Os aborígenes australianos vêm ocupando o continente da Austrália há uns 50 mil anos. Eles se julgam os negros esquecidos pelo resto do mundo negro-africano.

Os africanos e os negros devem tomar consciência de que quase todos os estados na Austrália têm mantido, até os últimos quinze anos, legislação e políticas de separatismo racista, as quais se têm provado eficientes meios de manutenção de fontes de mão de obra negra explorada, para a conveniência, a um tempo, dos donos brancos de gado e ovelhas, como para a indústria de mineração.

Os africanos precisam se conscientizar de que o Queensland Act (Decreto de Queensland) para a chamada "proteção" dos aborígenes e dos habitantes das ilhas do Estreito de Torres – promulgado em 1895 e emendado em 1962 e em 1977 – foi um dos primeiros atos legislativos desse caráter em todo o mundo e, portanto, constitui um dos modelos utilizados para a confecção do sistema jurídico do *apartheid* na África do Sul. Ele se reproduz em diversas regiões em todo o território australiano, onde de fato algumas das leis sul-africanas do *apartheid* existem desde antes do nascimento do próprio [Hendrik Frensh] Verwoerd.

Embora a região do norte do território australiano possua maioria negra, esta é dominada pelos proprietários brancos das terras e pelas corporações multinacionais que têm uma história de ódio racial, opressão e exploração dos negros. Eles envenenavam as fontes de água potável, e o assassínio legalizado tornou-se prática comum. Assim, muitas comunidades negras foram suprimidas no decorrer de cerca de 150 anos ou menos.

Chama-se o território norte de "última fronteira" e por esta razão o reconhecimento dos direitos dos aborígenes sobre a terra e a indenização por terras ocupadas pelos brancos tornam-se problemas de grande importância. Já que os brancos têm o controle absoluto sobre todos os aspectos da existência aborígene, a autodeterminação dos negros australianos é algo completamente obsoleto.

Quase sem nenhum recurso financeiro, a Organização Negra Nacional – Conselho Federal para os Aborígenes e Habitantes dos Ilhéus do Estreito Torres – que é de fato o verdadeiro movimento de libertação, vem lutando ao longo dos últimos vinte anos pela igualdade e pelo atendimento às reivindicações fundiárias dos aborígenes.

A luta pelos direitos dos aborígenes à terra e à indenização por terras usurpadas requer apoio internacional, tanto financeiro quanto político. Os próximos cinco anos serão decisivos e requerem o apoio dos negros e africanos do mundo inteiro para que os aborígenes se libertem e possam marchar rumo ao futuro. Esses assuntos precisam ser focalizados em fóruns nacionais, continentais e internacionais, como as Nações Unidas.

Só com o apoio e a cooperação dos países irmãos poderão os aborígenes pisar de novo no palco da história humana como um povo livre, digno e produtivo. Os aborígenes precisam fazer parte do mundo negro-africano, se incorporar às fileiras de todos aqueles que lutam contra a opressão e a exploração, e ter a coragem de tomar o seu destino e sua vida cotidiana nas próprias mãos, contribuindo para a construção do mundo novo de amanhã.

Recomendações:

1. Que os negro-africanos fora do continente sejam encorajados a participar na direção dos Estados onde residem *quando tal participação contribuir para a sobrevivência e o progresso da comunidade africana.*

2. Que quando um Estado cometer qualquer ato contra as comunidades negras, de natureza nacional ou local, formal ou informal, tais comunidades têm o direito e a obrigação de lutar contra esses atos, utilizando os meios que considerarem justos para sua sobrevivência, defesa e desenvolvimento.
3. Que exista uma obrigação de parte das comunidades negro--africanas fora do continente de usar qualquer influência à sua disposição para ajudar o governo de seus respectivos Estados a adotar atitudes e medidas com relação aos Estados africanos que sejam humanas e justas no contexto dos objetivos e das aspirações negro-africanos.
4. Que os governos dos Estados africanos têm a obrigação de reconhecer e apoiar as lutas dos povos negro-africanos por seus direitos humanos e dignidade, em seus respectivos contextos sociais fora do continente.

Lagos, janeiro de 1977
Representantes das Comunidades Negro-Africanas de:
Austrália, Brasil, Trinidad e Tobago,
Estados Unidos, Reino Unido

2.
Teatro Negro Brasileiro: Uma Ausência Conspícua[1]

Parece que o destino dos textos do teatro afro-brasileiro, assim como a interpretação dos mesmos por atores e atrizes negros do Brasil, é aquele de jamais serem vistos pelo público dos festivais de arte negra. No Primeiro Festival Mundial de Artes Negras, realizado em Dacar, em 1966, este importante aspecto artístico da cultura negro-brasileira primou pela ausência; segundo as informações disponíveis até o momento que escrevo este artigo, o mesmo ocorrerá neste Segundo Festival Mundial de Artes e Culturas Negras e Africanas. Uma ausência lamentável por várias razões.

Diga-se de início que não estou preocupado com a apresentação de danças pitorescas ou eventos folclóricos. Refiro-me a teatro dramático no seu sentido artístico fundamental: aquele que usa os recursos verbais, visuais e emocionais do teatro para articular problemas, crenças, ideias, experiências; aquele que propõe mudança para caminhos novos e ilumina os desvãos mais profundos do ser humano, revelando-o até as regiões menos conhecidas da sua história.

É neste campo da criação que os negros brasileiros têm sustentado um esforço árduo e tenaz. Qualquer pessoa familiarizada com a evolução do teatro brasileiro lembrará o papel de divisor de águas representado pelo Teatro Experimental do Negro (TEN), que fundei no Rio de Janeiro, em 1944, com a cooperação do falecido Aguinaldo Oliveira Camargo, o melhor ator que o Brasil já produziu entre brancos e negros, e muitas outras pessoas de semelhante coragem, vitalidade e excelência. Nós não constituíamos um grupo que simplesmente desejava apresentar e representar algumas peças nos palcos brasileiros, até então reservados exclusivamente para o desempenho dos artistas brancos. As peças que se montavam nesses palcos refletiam com absoluta intransigência a vida, os costumes, a estética, as ideias e o ambiente social e cultural da sociedade dominante, branca – como se mais da metade da população, de origem africana, não existisse. Quando um ator ou atriz de origem africana tinha a oportunidade de pisar um palco, era, invariavelmente, para representar um papel exótico, grotesco ou subalterno; um dos muitos estereótipos negros destituídos de humanidade, tais como a criadinha de fácil abordagem sexual, o moleque careteiro levando cascudo, a Mãe Preta chorosa ou domesticado Pai João.

Para a personagem negra requerendo qualidade dramática do intérprete – isto é, quando o papel do negro no palco ultrapassava a palhaçada e a cor local, como era o caso de peças como *Mãe* e *O Demônio Familiar*, de José de Alencar, a norma artística era brochar de preto um ator branco. Uma caricatura do negro: eis o negro do teatro brasileiro, antes do TEN. A literatura dramática ignorava a tremenda força lírica dos africanos, desprezava o potencial dramático por eles cultivado em séculos de sofrimento e labor criativo; séculos também de revoltas, insurreições e fugas em busca da liberdade. Esses movimentos inconformistas riscaram, no imenso mapa territorial do país, uma cartografia indelével de heroísmo e de legenda, com líderes da estatura heróica de um rei Zumbi, cuja República dos Palmares (Alagoas e Pernambuco, 1630-1694) resistiu à força militar de Portugal, Holanda e Brasil durante mais de sessenta anos de sítio constante. Chico-Rei trabalhou como escravo, concebeu e conquistou a liberdade de toda sua tribo, e com ela instituiu uma cooperativa de mineração em Minas Gerais, no século XVIII. Luiza Mahin, da Bahia, e seu filho Luiz Gama, em São Paulo; Karocango, no Estado do Rio de Janeiro; João Cândido, na cidade do Rio de Janeiro, e tantos outros heróis afro-brasileiros e seus feitos memoráveis aguardam em seus nichos históricos os dramaturgos que, inspirados nos feitos que nos legaram, venham a produzir obras capazes de elevar qualitativamente a consciência africana e negra.

O tratamento dramático do descendente africano – estereotipado e brochado de preto – não constituiu um fenômeno isolado, restrito ao teatro. Muito pelo contrário, trata-se de apenas um fator entre as facetas refletidas pelo contexto geral da sociedade brasileira dominante, da qual o afro-brasileiro não participava e não participa com igualdade de condições e de oportunidades em relação aos demais grupos de diferentes origens étnicas ou raciais. Se o mundo do teatro espelha o mundo de modo geral, o monopólio branco dos palcos brasileiros não é exceção. Ele reflete o monopólio da terra brasileira, dos meios de produção, da direção política e econômica, formação cultural (educação, imprensa, comunicação de massa), tudo tão zelosamente seguro nas mãos das classes dirigentes de origem branco-europeia. Todos os órgãos de poder têm sido propriedade privada dessas classes, enquanto o descendente do africano escravizado, responsável pela construção do país, só encontra lugar nos mais baixos níveis de emprego e desemprego, subeducado e jogado às condições mais inumanas de existência. Sua cultura e religião de origem africana sofreram e sofrem todas as agressões inimagináveis: desde as técnicas sutis de aculturação, assimilação e folclorização, até a proibição e a tentativa de liquidação das religiões que resultou numa "sincretização" compulsória. Roger Bastide caracterizou este processo como "uma máscara colocada sobre os deuses negros para benefício do branco"[2], que incluía até a agressão armada da polícia e o encarceramento de muitos fiéis em suas prisões.

A forma mais insidiosa desse processo de agressões tem sido a política de *branquificar* física e culturalmente o país através do estímulo à imigração branca em massa, da proibição à entrada de negro ou de africano depois da abolição da escravatura e a *miscigenação* elevada à categoria de uma teoria antropológica de salvação nacional. Tem razão Roger Bastide quando rotula tudo isto de "ideologia que força [o negro] a se suicidar como negro para poder existir como brasileiro"[3].

Na tentativa de contrapor a essas forças de postergação da raça negra uma barreira social, o Teatro Experimental do Negro (TEN) formou um corpo de atores e atrizes negros, os primeiros que jamais existiram fora dos estereótipos mencionados antes. Paralelamente, o TEN não negligenciou a criação de textos dramáticos nos quais se refletia a experiência negro-africana. Nesses textos, o afro-brasileiro poderia ver refletida, com respeito, sua personalidade humana. Um teatro que reconheceria sua dignidade como ser humano e como negro, e não aquele descrito por Bastide "esteticamente confinando-o ao único papel que o branco lhe destinou, aquele de divertir o público"[4].

O TEN, em resumo, vem sendo um protesto ativo contra uma sociedade que aspira ser latina, branca, europeia, a qual, para atingir tais objetivos, não hesita em apagar a verdadeira natureza cultural e étnica da metade da população: os descendentes da África. Costumo citar frequentemente o sociólogo Guerreiro Ramos, que escreveu com ciência verdadeira um ensaio ironicamente intitulado "A Patologia Social do 'Branco' Brasileiro", denunciando a ansiedade mórbida de se tornar branco instilada como um veneno na intimidade da população brasileira pelas elites do país. Um ponto central dessa confrontação está no ato de "Revelar a negrura em sua validade intrínseca, dissipar com seu foco de luz a escuridão de que resultou nossa total possessão pela brancura – é uma das tarefas heróicas da nossa época"[5].

E, com o TEN, uma nova fase histórica se inaugurou no teatro brasileiro, a qual se caracteriza, na frase de Roger Bastide, quando "o negro sobe no palco como um ator, com seus próprios valores"[6].

Por todas essas razões, considero lastimável que este segundo festival não tenha a oportunidade de conhecer a força e a pureza de uma grande atriz como Léa Garcia, internacionalmente aclamada por sua inesquecível interpretação num dos papéis principais do filme *Orfeu Negro;* ou assistir o trabalho de Ruth de Souza, com justiça famosa no palco, no cinema e na televisão; ou apreciar os méritos de Milton Gonçalves, várias vezes premiado, e de outros como Zeni Pereira, Clementino Kelé, Cléa Simões, Áurea Campos, e outros artistas de alta qualidade que certamente iriam enriquecer o festival com sua presença e/ou seu poder suasório de criadores de personagens.

Outro vazio conspícuo na delegação brasileira será a ausência de um texto significativo do teatro afro-brasileiro tal como um *Auto da Noiva*, de Rosário Fusco, um *Castigo de Oxalá*, de Romeu Crusoé, uma peça de Ironides Rodrigues ou de Milton Gonçalves. Há também textos de escritores não negros focalizando aspectos da vida negra: *Arena Conta Zumbi*, de Augusto Boal; *Anjo Negro*, de Nelson Rodrigues; *Pedro Mico*, de Antônio Callado; *A História de Oxalá*, de Zora Seljan; *Além do Rio*, de Agostinho Olavo; *Um Caso de Kelé*, de Fernando C. Campos; *Aruanda*, de Joaquim Ribeiro; *O Emparedado*, de Tasso da Silveira; *O Filho Pródigo*, de Lúcio Cardoso; *Filhos de Santo*, de José de Morais Pinho.

Na sua Introdução à edição em inglês da minha antologia de teatro afro-brasileiro intitulada *Dramas Para Negros e Prólogo Para Brancos*, Roger Bastide faz um estudo das peças a serem publicadas, e mostra que algumas delas "escapam da universalidade do arquétipo para especificar uma raça ou uma cultura". O eminente sociólogo emite, em seguida, breves impressões sobre os textos dramáticos:

- *Anjo Negro*, de Nelson Rodrigues, é, entre todas as peças escritas por brancos, a que mais profundamente penetra na revelação dessa ideologia da brancura que criticamos porque nada mais é que uma forma hipócrita de genocídio.
- *Auto da Noiva*, de Rosário Fusco, retoma a ideologia da branquificação e, através de uma estratégia humorística, a devolve contra o branco que a criou para seu lucro depois da supressão do trabalho servil [...] É a mais bela inversão do embranquecimento que conheço. [...] Rosário Fusco faz dessa política sistemática do branco um *boomerang* que se volta contra o criador para bendizer a sua morte.

- *Aruanda*, de Joaquim Ribeiro, é um mito banto-caboclo que focaliza homens de hoje sendo dirigidos por deuses africanos donos dos seus destinos.
- *A História de Oxalá*, de Zora Seljan, é um mito iorubá que foi guardado no Brasil, no interior dos candomblés.
- *Sortilégio*, de Abdias Nascimento, ocupa na literatura brasileira exatamente o lugar que ocupa *O Filho Nativo* na literatura afro-norte-americana. Certas frases ecoam de volta, de um hemisfério a outro, de Richard Wright a Abdias Nascimento, demonstrando a *unidade fundamental* das Américas negras, para além da diversificação das ideologias, das situações políticas e das estratégias variáveis do branco. [...] [*Sortilégio* é] uma lâmina rotativa do medo que estabelece o crime como uma expressão de revolta, de libertação.[7]

Reconheço certas dificuldades, mas não a impossibilidade absoluta, que envolve a produção de uma peça em português destinada a uma audiência composta primariamente de pessoas de fala inglesa e francesa. Não devemos esquecer, porém, que restringir os eventos artísticos e culturais a essas duas línguas equivale, de fato, na exclusão de milhões de africanos e negros de fala portuguesa, representados pelo Brasil, que sozinho significa de cinquenta a sessenta milhões de descendentes africanos, como também de Angola, Moçambique e Guiné-Bissau. Isto sem mencionarmos os afro-americanos do Caribe e da América do Sul (Porto Rico, Cuba, Colômbia, Peru, Venezuela etc.) que falam espanhol. Mesmo no caso de se tornar concreta a proposta da União dos Escritores dos Povos Africanos, aprovada em sua reunião de junho de 1975, em Acra, de estabelecer uma língua comum para toda a África, as línguas dos descendentes africanos na diáspora não devem, de forma alguma, ser excluídas. Porque consistiria uma restrição verdadeiramente trágica para todos esses africanos. As línguas dos colonizadores nos separaram no passado; não permitamos que continuem nos separando na atualidade.

Em 1970, para ilustrar meu ponto de vista, lembro haver assistido à estreia mundial da peça *Auto da Noiva,* de Rosário Fusco, em português, representada por alunos da Universidade de Indiana em Bloomington, EUA, diante de plateias que somente conheciam o idioma inglês. Auxiliada por um resumo do texto em inglês, distribuído à assistência antes de começar o espetáculo, a plateia se encontrava perfeitamente capaz de seguir o desenrolar do drama, apreciando criticamente tudo que se passava no palco. Companhias teatrais representando em inglês, francês, grego, e outras línguas, viajam pelo mundo inteiro, e embora os idiomas falados no palco sejam diferentes das línguas locais, essas companhias enchem a lotação das suas récitas.

Estou convicto, entretanto, de que a presença do teatro negro esteve e estará definitivamente proscrita por motivos completamente diferentes da questão idiomática. O poder de decisão sobre quem vai e quem não vai aos festivais está na mão dos brancos, e não dos próprios artistas negros. A maioria dos selecionadores são burocratas do Ministério das Relações Exteriores, órgão notório por suas posições racistas, a ponto de não permitir em seus quadros representantes diplomáticos negros.

Por quê o processo e o poder de decisão, particularmente neste assunto, não se encontram nas mãos dos negros capazes e ativamente comprometidos na afirmação da cultura negra e na criação de obras artísticas afro-brasileiras? Onde, nesses processos de decisão, esteve eu Guerreiro Ramos, da Bahia, sociólogo e pensador negro internacionalmente reconhecido, que tem focalizado e iluminado de forma audaciosa os problemas da estética afro-brasileira? Onde se encontra um dr. Milton Santos, professor, geógrafo e negro ilustre que a Bahia deu ao mundo? Ou os poetas negros Oswaldo Camargo, de São Paulo, e Eduardo de Oliveira, autor das *Gestas Líricas da Negritude?* Onde, em posição de decisão, se acha um homem como o romancista e dramaturgo Romeu Crusoé, originário do nordeste, autor da

Maldição de Canaan e *Castigo de Oxalá?* Ou Fernando Góes, crítico e escritor de São Paulo? Ou Ruth Guimarães, professora e romancista negra? Ou Marietta Campos Damas, técnica em administração pública?

Visando mascarar o verdadeiro poder controlador da participação brasileira ao Festac, os grupos dominantes incluem algumas pessoas de cor, mas já conformadas com esse tipo de comportamento prescrito pela eufemisticamente chamada "democracia racial". Vão ao extremo de selecionar como representante permanente do governo brasileiro junto ao Festac um psiquiatra que abertamente se admite alguém completamente desinteressado e desconhecido do desenvolvimento da arte e cultura afro-brasileiros. Um homem que se autodescreve e à sua representação junto ao Festac nestes termos:

> Não sou crítico, não sou poeta, não sou artista. Sou modesto psiquiatra perdido numa imensa floresta de experiência clínica, acontecimentos psicodinâmicos, neurofisiológicos e muita coisa complicada que já deu margem ao nascimento de uma ciência: parapsicologia. [...] É verdade que sou, atualmente, o representante permanente do governo brasileiro para o Segundo Festival Mundial de Artes e Culturas Negras, a ser realizado na Nigéria, mas a escolha de minha pessoa se deve mais à minha descendência direta de tradicionais raízes nigerianas com as quais sempre mantive contato.[8]

Pessoas desse calibre podem ser completamente sinceras no que se refere a seus motivos, assim como podem ser ilustres figuras dentro do seu campo de especialização. Isto, porém, não altera o critério usado para sua seleção, o qual obviamente tem pouco ou mesmo nada a ver com sua participação, conhecimento ou criatividade no âmbito da cultura e da arte desenvolvida pelos afro-brasileiros. Se tal critério merece crédito, ele exige reciprocidade; deveríamos então, neste caso, escolher artistas e homens de cultura negros como representantes brasileiros em congressos internacionais de medicina e psiquiatria...

Estou na expectativa de maliciosas acusações, me incriminando principalmente de dois "crimes": primeiro, o de tentar minimizar o valor e a importância dos ressentimentos e frustrações por não ter sido incluído em qualquer dos ramos da participação brasileira no Festac. Estas foram de fato as acusações assacadas contra mim pelo embaixador brasileiro no Senegal por ocasião da minha "Carta Aberta ao Primeiro Festival Mundial das Artes Negras", em Dacar, em 1966. Necessito, em face do tratamento pérfido da experiência anterior, reiterar, clara e definitivamente, que meu objetivo aqui é o de expor e denunciar um *critério*, um *processo* e um *poder*, ditando a seleção dos artistas nos vários aspectos da criação. O *critério* deveria ser aquele da promoção dos artistas e criadores negros de acordo com suas vinculações e contribuições à cultura afro-brasileira. O *processo* e o *poder de decisão* deveriam permanecer exclusivamente sob controle dos próprios artistas e criadores negros e dos homens e mulheres de cultura afro-brasileira. Qualquer dúvida sobre a disponibilidade de pessoas aptas para tarefa tão delicada será debitada à conta de mais outro escapismo traindo discriminação. Os nomes estão aí mesmo esperando quem os pronuncie: Mercedes Batista, coreógrafa e dançarina negra, conhece como ninguém a dança afro-brasileira, não por teoria ou cerebralismo, mas através de toda uma vida de dedicação e trabalho incansável de pesquisa, ensino e prática. José Correia Leite, de São Paulo, símbolo histórico da luta de afirmação social e cultural do afro-brasileiro; Sebastião Rodrigues Alves, do Rio de Janeiro, autor de *A Ecologia do Grupo Afro-Brasileiro* e líder antigo do seu povo; [Miguel] Barros, o Mulato, do Rio Grande do Sul, pintor, escritor e crítico de arte; Celestino, do Rio de Janeiro, pintor e jornalista e crítico de arte.

Meu objetivo não é o de assinalar nenhum indivíduo, sublinhar uma pessoa, mas simplesmente ilustrar este *critério*, este *processo* e este *poder*. Estou consciente dos inúmeros artistas negros brasileiros de qualidade participando no Festac. Mas também não ignoro a antiga estratégia de dominação, utilizada desde os começos da colônia, de dividir os conquistados e criar conflitos entre eles. Enquanto sou o último a advogar ou participar desses divisionismos, quero ser um dos primeiros em caracterizar as inúmeras outras estratégias de dominação.

Além do mais, não tenho a menor necessidade nem a intenção de pleitear minha inclusão no Festac, nem como pintor, nem como ator ou dramaturgo, nem mesmo como *scholar*. Pelo contrário, no sentido da satisfação pessoal estou profundamente honrado e mais do que gratificado de estar pintando, escrevendo, e produzindo como professor visitante aqui em Ilé-Ifé, o berço e a casa da minha civilização ancestral – o próprio lugar onde Obatalá desceu no seu fio de ouro para criar o mundo e a raça humana. É mais do que alegria e felicidade saber que minha peça *Sortilégio* será encenada em inglês aqui no seu verdadeiro palco de nascimento, produzida e dirigida por meu irmão e colega Wole Soyinka.

Meu interesse na participação dos brasileiros negros e do seu teatro não se vincula, portanto, a nenhum interesse pessoal. Pleiteio somente a participação daqueles artistas e dramaturgos afro-brasileiros merecedores, por sua história de luta e afirmação da cultura negra, da oportunidade de enriquecer o Festac com seus talentos e compartilhar da experiência e da sabedoria de outros teatros negro-africanos.

Só desejaria que meus colegas negros pudessem ter uma chance análoga a esta que desfruto: de voltar à terra e ao terreno ancestral de onde todos nós, afro-brasileiros, descendemos.

A.N.
Universidade de Ifé,
Ilé-Ifé, 15 de novembro de 1976

3.
Arte Afro-Brasileira: Um Espírito Libertador[1]

Sendo a arte um ato de amor, ela implicitamente significa um ato de integração humana e cultural. Um ato praticado rumo a uma civilização continuamente reavaliada, recriada e compartilhada por toda a humanidade.

O amor é mais do que a mera simpatia, decorrência da subjetividade; ele é a solidariedade num compromisso ativo. Amor significa um valor dinâmico. Consequentemente, o artista tem o dever compulsório, nesse transe amoroso, de exprimir sua relação concreta com a vida e a cultura do seu povo. Em todos os níveis, formas, significações, implicações e conotações. O exercício da pura abstração, o jogo formal incontaminado, reduz-se ao parâmetro do nada: ao artifício da "arte pela arte".

O que tem sido e o que é no presente a arte negra no Brasil? Devo dizer inicialmente que o processo da arte afro-brasileira tem sido, na essência, o mesmo observado em outros países do novo mundo onde existiu a escravização dos africanos. Há pequenas diferenças nos detalhes, influenciadas pela história de cada país, variações de nuanças, porém a violência inerente ao sistema escravagista iguala a experiência histórica de todos os negros no continente das três Américas. Nessas, os poderes coloniais articulam a proscrição do poder criativo do africano, através da desumanização semelhante àquela por eles aplicada no próprio continente africano.

Recordemos rapidamente os fatos históricos: com a invasão da terra africana, o saque, a violação, a escravização, e o assassínio de cem milhões de africanos; com a pilhagem das riquezas naturais, assim como dos tesouros artísticos da África; e com a dominação cultural, atingiu-se à negação do espírito africano, para na etapa seguinte o homem e a mulher africanos serem degradados à condição de animal. A ideologia da brancura se arvora em valor absoluto. Tudo o mais é a sombra do inexistente. De acordo com tal ideologia, o negro-africano não tem história, nunca teve cultura; sua existência "natural" sempre careceu de arte, religião e sutileza.

A "superioridade" do branco e a "inferioridade inata" do negro-africano são louvadas em todos os tons, e a ciência não negligencia esta tarefa: a antropologia, a etnologia, a história e a medicina contribuíram para a edificação da ideologia e para a institucionalização do racismo com fundamentos "científicos".

O ano de 1843 marca o lançamento da ideia de P.F. von Siebald de fundar museus etnográficos nos países europeus colonizadores, porque, entre outras razões invocadas, seria um "negócio lucrativo"[2]. Daí em diante, proliferaram as instituições etnográficas; os modelos mais destacados foram os museus de Berlim, Roma, Londres, Dresden, Paris, Leipzig – todos agentes de estudos africanos a serviço do colonialismo e suas teorias racistas. Essas instituições se mancomunaram aos cientistas, teóricos de toda espécie, e *scholars* na manipulação cabalística de teoremas baseados no suposto exoticismo e pitoresquismo dos povos selvagens, primitivos e inferiores que habitavam a África.

Com a ligeireza dos que se sabem impunes, rotularam de documentos etnográficos ou folclóricos a produção artística africana, e na opinião dos julgadores da época, aquelas máscaras, esculturas e outros objetos estavam aquém do nível da arte. Aqueles representantes do eurocentrismo autoproclamaram sua incapacidade de entender a verdadeira natureza do trabalho africano como um fenômeno artístico. Assim, predispostos, como poderiam chegar à compreensão do sistema intrínseco de valores e às formas plenas de significação da criatividade africana? Como descer às suas raízes, perceber a complexidade, a sutileza e a funcionalidade daqueles produtos no mundo sociocultural africano? Como penetrar essa realidade mito-poética?

Foi, entretanto, no coração mesmo dessa arte orgulhosa e onipotente que a arte africana iria exercer sua influência mais espetacular. Em Paris, entre os anos de 1905-1907, Vlaminck, Derain,

Picasso, e outros pintores "descobriram" as máscaras e esculturas africanas. Pouco antes dessa reviravolta na história das artes, enquanto Leo Frobenius iniciava seus estudos sobre a arte e as civilizações africanas, o médico psiquiatra Nina Rodrigues também principiava na Bahia o que veio a ser denominado de "estudos científicos" sobre o africano e o negro no Brasil. Partidário do mais explícito racismo, ele chefiou toda uma tendência "científica", a chamada Escola da Bahia, e tem vários discípulos ativos ainda hoje. Sua obra constitui um diagnóstico dessa espécie de doença que afeta a sociedade brasileira ao se defrontar com a presença irreversível do africano e seus descendentes no país[3].

Desde o início, coincidente com a colonização europeia do país, os africanos produziam obras de arte de grande valor. Escravos procedentes do golfo da Guiné se mostraram altamente desenvolvidos em sua cultura, testemunhado pelos famosos bronzes de Benin (Nigéria) e de Ifé; aqueles do Daomé (Benin) e outras partes nigerianas exibiam trabalhos de cobre de alto valor, e os axântis, de Gana, se revelavam por meio da qualidade e beleza dos seus tecidos. Da Costa do Marfim, de Daomé (Benin) e da Nigéria, saíram especialistas em escultura em madeira e trabalhos em metais, enquanto de Moçambique vieram artesãos de ferro e de Angola chegou a capoeira.

Esses africanos não puderam praticar sua arte no Brasil, não só por causa das limitações coercitivas inerentes ao sistema escravista, mas também por motivo de proibições oficiais, como testemunha, por exemplo, o decreto de 20 de outubro de 1621 proibindo os negros de trabalhar o ouro.

Outro fator grave no sentido das limitações criativas do africano foi a Igreja Católica, cujas ordens e irmandades o exploraram em suas lucrativas propriedades rurais, como escravo nos afazeres domésticos e nas tarefas agrícolas. Isto contraria o conceito amplamente divulgado e aceito do papel *suavizador* que a Igreja Católica teria exercido sobre a dureza implacável do regime escravagista. Não podemos fugir do fato histórico: a estrutura inteira da sociedade colonial constituía uma quadrilha de exploradores tirando o máximo proveito da força trabalhadora do africano. E para assegurar a estabilidade do sistema, o africano foi mantido sob permanente estado de terror, brutalidade e ignorância, como um objeto, uma besta de carga.

Apesar de tudo isto, notemos que nenhuma forma de violência física ou espiritual conseguiu impedir a manifestação das inclinações artísticas do escravo. Os africanos souberam aproveitar as melhores oportunidades para evitar a própria e total desumanização. A escultura em madeira continuou a desenvolver sua riqueza expressiva. principalmente através de símbolos rituais e de imagens sagradas do candomblé, nome brasileiro para a religião iorubá dos orixás.

Sistematicamente perseguido pela religião oficial, pelo catolicismo, e pela polícia, o candomblé perseverou com energia e vitalidade, tornando-se a fonte da resistência cultural e o berço da arte afro-brasileira. Fora das leis sociais e católicas, viu-se obrigado a procurar refúgio em lugares escondidos, de acesso difícil. O que não impediu que os terreiros sofressem e sofram a arbitrariedade policial que se registra através de toda sua longa história. São assiduamente varejados e pilhados pelas autoridades policiais, que confiscam as esculturas rituais, os objetos do culto, as vestimentas litúrgicas, prendem sacerdotes e sacerdotisas e crentes. Ou então se tornam mercadorias do turismo. Os objetos do culto sequestrados nunca perderam seu caráter de genuínas obras de arte. Desafortunadamente, várias dessas obras foram malignamente recolhidas em instituições tais como o Museu de Polícia do Rio de Janeiro, o Instituto Nina Rodrigues da Bahia, o Instituto Histórico de Alagoas, e são exibidas como provas etnográficas, bem como da criminalidade nata do africano e de sua mente patologicamente pervertida.

Durante os séculos XVI e XVII os africanos, com seus verdadeiros talentos artísticos reprimidos, só puderam encontrar meios de expressão no trabalho coletivo das igrejas católicas, sob a direção de sacerdotes brancos.

Alguns realizaram obras importantes, como por exemplo Francisco Chagas, tão elogiado por seus trabalhos na Igreja do Carmo, no Século XVIII. Outro artista modelar foi o gênio Antônio Francisco Lisboa – alcunhado "o Aleijadinho"; ele criou um corpo extraordinário de escultura, arquitetura e pintura em várias cidades do estado de Minas Gerais. Filho de mãe negra e pai português, é com justiça considerado o mais importante artista das Américas do século XVIII.

No decorrer desses séculos, ocorreu a transmissão da pintura de origem africana nos símbolos rituais dos terreiros, assim como na decoração dos pejis e das paredes residenciais. Constituía uma produção oculta, quase secreta. Com a abolição jurídica da escravidão, em 1888, e a chegada subsequente das levas imigratórias vindas da Europa em grande escala, a situação não se modificou na substância. Teoricamente livres, mas praticamente impedidos de trabalho, já que o imigrante europeu tinha a preferência dos empregadores, o negro continuou o escravo do desemprego, do subemprego, do crime, da prostituição, e principalmente, o escravo da fome: escravo de todas as formas de desintegração familiar e da personalidade. A sociedade brasileira, e isso já se tornou proverbial, herdou todo o legado retrógrado e anti-histórico do colonizador português; com a abolição e a República, ela manteve inalterados os fundamentos das relações raciais, conservando sempre o exclusivo benefício para a camada branca da sociedade[4].

O preconceito de cor, a discriminação racial e a ideologia racista permaneceram disfarçados sob a máscara da chamada "democracia racial", ideologia com três principais objetivos: 1. impedir qualquer reivindicação baseada na origem racial daqueles que são discriminados por descenderem do negro africano; 2. assegurar que todo o resto do mundo jamais tome consciência do verdadeiro genocídio que se perpetra contra o povo negro do país; 3. aliviar a consciência de culpa da própria sociedade brasileira que agora, mais do que nunca, está exposta à crítica das nações africanas independentes e soberanas, das quais o Brasil oficial pretende auferir vantagens econômicas. Mas não importa esse ou qualquer outro tipo de masturbação ideológica; a história registra os fatos, e os fatos são estes: durante todo o processo da descolonização da África, o Brasil sempre agiu como serviçal do colonialismo português e das potências imperialistas. Jamais pôs em prática sua filosofia puramente verbal e retórica de anticolonialismo. Não é, por todas essas razões, de causar surpresa que, do ponto de vista da arte plástica, o negro seja quase inexistente no rol da produção elitista de uma arte chamada erudita. Representamos mais de 50% da população brasileira de cento e dez milhões de habitantes, o que significa pelo menos sessenta milhões de afro-brasileiros. Mas onde estão os artistas negros representativos, desde uma perspectiva cultural afro-brasileira? São apenas uns poucos. Mesmo assim, Roger Bastide pôde testemunhar a emergência de uma estética afro-brasileira: "a arte afro-brasileira é uma arte viva, não estereotipada. Mas na sua evolução até as últimas transformações, ela vem preservando as estruturas tanto mentais como puramente estéticas da África"[5].

Como norma geral, os críticos de arte operam dentro de uma definição elitista de "belas-artes" que envolve exclusivamente a arte branco-ocidental. Esta manifestação parcial da ideologia da brancura se torna de vez em quando paternalística, através de expoentes ilustres como um Clarival do Prado Valladares, que fala da arte negra como reflexo do "comportamento arcaico": "o oposto da lógica racional, premissa inevitável do *comportamento clássico*"[6]. Esse crítico observa no "arcaico" brasileiro um "imaginário sincrético" dos cultos africanos que inclui objetos litúrgicos, oferendas votivas esculpidas em madeira ou modeladas em barro, e assim por diante. Mais frequentemente, os críticos classificam a nós e às nossas criações como primitivos, e não concedem à arte africana nem mesmo aquela função hipoteticamente religiosa. José Ortega y Gasset tipifica esta atitude no seu livro *La Deshumanización del Arte*: "O homem primitivo é, por assim dizer, o homem táctil. Ainda não possui o órgão intelectual, mercê do qual o terror e a confusão dos fenômenos se reduzem às leis e às relações fixas." Como numa criança, diz Ortega, "A emoção básica do homem primitivo é o medo, o terror da realidade"[7].

Outro exemplar dessa fauna ideológica racista é o famoso psicanalista C.G. Jung:

> A mentalidade primitiva difere da civilizada principalmente porque sua mente consciente é muito menos desenvolvida em extensão e intensidade. As funções como pensar, exercer vontade etc. ainda não estão diferenciadas [...] [o primitivo] é incapaz de qualquer esforço consciente da vontade [...] devido ao estado crônico de penumbra do seu consciente, frequentemente é quase impossível saber se ele somente sonhou algo ou se realmente teve experiência.[8]

Eis o tipo de raciocínio etnocentrista da mentalidade europeia, que força o artista negro a combater a opressão que ainda carimba nossa cultura de *folclore*, de *pitoresco*; que nos primitiviza; que nos analisa porque somos "curiosidades", algo exóticas. E, nos últimos tempos, até nos *arcaíza* o comportamento!

Foi a exata direção desse raciocínio que forneceu o critério ordenador da representação brasileira no Festac '77. Fato que demonstra a ausência de qualquer mudança na repetição do critério usado por ocasião do primeiro festival em Dacar, em 1966. Decisões sobre que artistas e quais obras seriam enviadas a Dacar foram feitas por uma comissão nomeada pelo Ministério das Relações Exteriores, órgão cujo racismo é secular e ostensivo. Órgão riobrancamente composto, rigorosamente, só de brancos. O mesmo aconteceu agora com este segundo festival em breve a ser realizado em Lagos: os artistas e intelectuais negros não exerceram nenhum papel quando as decisões foram tomadas. (Negro de alma branca, marionete do grupo branco dominante, não conta.) Numa repetição tediosa, os afro-brasileiros foram submetidos à condição de *objetos*, e as regras, as normas, e as seleções, as definições, estiveram a cargo de outros. Exatamente quem seriam esses outros?

Citemos o "outro" principal: o coordenador da delegação brasileira ao Festac '77 em Lagos, e membro do júri do primeiro festival em Dacar: o famigerado crítico e aristocrata "branco da Bahia", Clarival do Prado Valladares, citado anteriormente. Enfatizemos nesta altura que não o apontamos pessoalmente, nem como "branco" nem como indivíduo baiano: apenas como a personificação, o iminente símbolo do eminente comportamento branco-brasileiro diante da população de descendência africana. Em seu regresso de Dacar, em 1966, Valladares afirmou, em artigo publicado na revista *Cadernos Brasileiros* que os brancos "não caçavam os negros na África, mas os compravam *pacificamente dos tiranos negros*" (grifos meus). Acrescenta, ainda, a seguinte declaração: "No que se refere à dimensão histórica, parece existir um certo sentimento de inferioridade que é africano. Assim que não é possível apresentar um texto histórico paralelo àquele dos países ocidentais."[9]

Minha indignação não tem limites diante de tamanho abuso da verdade histórica. Estamos tratando aqui com um ato de pura e simples agressão à África, e aos seus povos, pois ninguém pode acusar esse crítico de ignorância. Sua posição de poder no Festac '77 constitui nada menos do que um escárnio monumental atirado à face da cultura negro-africana.

Esse critério ou crítica, referida a padrões estranhos à criação negro-africana, tem um sentido manipulador; não consegue ascender ao entendimento de que, concretizando nossos mitos e legendas em manifestação artística, em lugar de submeter nossa arte ao ditado dos críticos e aos parâmetros da cultura euro-ocidental, estamos historicizando um potencial mítico que não se reduz à imobilidade arcaica; estamos tornando as fundações prístinas em contemporâneas forças de transformação social. Pois arte africana é precisamente a prática da libertação negra – reflexão e ação/ação e reflexão – em todos os níveis e instantes da existência humana.

Mantendo nossa razão-lógica específica a salvo da alienação, nossa integridade criativa, manifesta em arte negra, produz o exorcismo da brancura, reduzindo progressivamente seus efeitos de séculos de negação, perversão e distorção de nossos valores de forma e essência. A arte dos povos negros na diáspora objetifica o mundo que os rodeia, fornecendo-lhes uma imagem crítica desse mundo. E assim essa arte preenche uma necessidade de total relevância: a de criticamente historicizar as estruturas de dominação, violência e opressão, características da civilização ocidental-capitalista. Nossa arte negra é aquela comprometida na luta pela humanização da existência humana, pois assumimos com Paulo Freire ser esta "a grande tarefa humanística e histórica do oprimido – libertar-se a si mesmo e aos opressores".[10]

Não é suficiente que a arte negra seja a "arte viva preservando as estruturas da África" da concepção bastideana. Pois se impõe a necessidade de incorporar à expressão tradicional africana novas formas, novos espaços e volumes, e outras aquisições técnicas e culturais válidas ao desenvolvimento da arte africana no seu atual ritmo de contemporaneidade. Todas essas recentes integrações devem refletir as exigências concretas das transformações que se verificam na estrutura da sociedade africana recém-liberada do colonialismo.

Os povos negros e africanos estão vivendo um momento de plenitude histórica radicalmente oposto ao contexto das sociedades branco-ocidentais. Nessa experiência de criar uma cultura dinâmica de libertação espiritual origina-se uma estética específica, cujas implicações para o fenômeno artístico comum a todas as culturas não invalidam sua identidade inalienável.

Arte negro-africana na diáspora, enquanto marginal em relação à arte santificada pelas sociedades locais, simultaneamente mantém as características ditadas pela história, pelo ambiente e pelas culturas dos respectivos países escravocratas. Nunca deixa, porém, de conservar temas, formas, símbolos, técnicas e conteúdos africanos em sua função revolucionária de instrumento de conscientização. Sua essência é uma parte vital da criatividade africana.

Nesta perspectiva é que começamos a penetrar e a entender o trabalho de um pintor tão sensível como Sebastião Januário, nascido nas Dores de Guanhães, estado de Minas Gerais. Começou a pintar inspirado por modelos e motivos católicos. A experiência e a intuição se uniram e o guiaram para a elaboração de uma obra amadurecida, de cunho inteiramente afro-brasileiro. Num escultor em madeira como José Heitor [da Silva], força e técnica explodem em peças profundamente marcadas por sua africanidade de origem. E o que dizer de uma artista como a Iara Rosa, pintora e tapeceira de recursos tamanhos em riqueza expressiva e na beleza insondável de sua herança étnica! Ou Cléoo [Navarro], a quem Guerreiro Ramos chamou certa vez "a negra 'Rosa dos ventos'", aberta a todas as vozes da imaginação criativa? Raquel Trindade traça com o pincel as cores e as formas da herança poética de seu pai, o falecido poeta Solano Trindade; Yêda Maria, com amor e técnica, transfere para as telas as paisagens humanas e geográficas da africana Bahia. Agenor [Francisco dos Santos, pai] realiza na madeira todos os *milagres* da forma, dos espaços, volumes e proporções. Celestino ativamente elabora a própria criatividade, mas se preocupa com os problemas coletivos do artista negro e da arte negro-africana. Deoscóredes dos Santos – o mestre Didi – recentemente instalado na Bahia como Alapini, supremo sacerdote do culto dos Eguns, realiza, em vários tipos de material, objetos rituais de grande significação artística. É um mago completo.

Será que esses artistas, e outros de semelhante mérito na afirmação da cultura afro-brasileira, receberam alguma demonstração de respeito de parte da comissão do Ministério das Relações Exteriores, inteiramente branca? Eles, os próprios artistas afro-brasileiros, deviam ser os únicos responsáveis pela seleção dos trabalhos e dos artistas da representação brasileira ao festival. É oportuno lembrar o exemplo dos Estados Unidos, frequentemente comparado pelas classes dominantes brasileiras no aspecto das relações de raça, como a terra do pior racismo, enquanto o Brasil seria o oposto, um paraíso para negros e mulatos. Sem dúvida a sociedade norte-americana está permeada pelo racismo tanto em sua vida doméstica quanto em sua ação política em relação aos povos e países do mundo. Entretanto, são os negros dos Estados Unidos os responsáveis exclusivos pela escolha da representação norte-americana ao festival de arte negra. Será necessário perguntar qual dos dois racismos comete, neste caso específico, a mais radical discriminação contra o negro? Nenhum sofisma, nenhum véu ou mentira conseguirá de agora em diante ocultar impunemente a realidade genocida em que se decompõe o negro brasileiro.

Para mim, o mistério ontológico e as vicissitudes da raça negra no Brasil se encontram e se fundem na religião dos orixás: o candomblé. Experiência e ciência, revelação e profecia, comunhão entre os homens e as divindades, diálogo entre os vivos, os mortos, e os não nascidos, o candomblé marca o ponto onde a continuidade existencial africana tem sido resgatada. Onde o homem pode olhar para si mesmo sem ver refletida a cara branca do violador físico e espiritual de sua raça. No candomblé, o paradigma opressivo do poder branco, que há quatro séculos vem se alimentando e se enriquecendo de um país que os africanos sozinhos construíram, não tem lugar nem validez.

É por isso que os orixás são a fundação da minha pintura. Para mim, a imagem e a significação que eles incorporam ultrapassam a simples percepção visual-estética – são a base de um processo de luta libertária, dinamizado por seu amor e sua comunhão e engajamento. Muito longe estão os orixás de um suposto "arcaísmo", como distante se acham das "imagens remissivas dum passado harmonioso" compensando "uma realidade fatual árida"[11]. A definição exata é a de Wole Soyinka: os orixás são nossas "fontes de força", realidade do nosso próprio ser; eles são "os deuses que fabricam as energias do Continente Negro"[12]. Com uma tal iluminada cosmovisão, o que importa ser rotulado de "pintor instintivo", "artista ínsito", "neoprimitivo" ou qualquer outra das muitas codificações da crítica convencional? Pinto Ogum e me comunico com a divindade do ferro, da guerra, da vingança, companheiro de armas dos seres humanos, irmãos que lutam por liberdade e dignidade. E quando evoco na tela a Iemanjá, mãe de todas as águas do Universo e de todos os orixás, celebro aquela que vigia maternalmente sobre a fertilidade da raça negra, alerta contra a agressão implícita em determinados controles de natalidade de interesse do branco. E depois Xangô – tempestade, fogo e raio – praticando a justiça, militante de todos os movimentos pela restauração dos nossos direitos fundamentais. Quando menciono Ossaim, convoco o reino da natureza, das matérias-primas. Inimiga da poluição e cultivadora das plantas e ervas da medicina e farmacologia tradicional da Mãe África, Ossaim protege a saúde da nossa gente e a pureza do nosso ambiente. Ifá condensa a sabedoria tradicional em seu corpo literário e, através deste, expõe o passado, examina o presente, revela o futuro; fornece o conhecimento que nos capacita planejar o nosso rumo. Seu corpo literário, dos mais extensos e complexos, contém inigualável beleza poética. Oxumaré resume a alegria colorida e vital da nossa raça, expande sua natureza lúcida. Oxum, patronesse das artes, doadora generosa de amor, enriquece nossas vidas com sua doçura dourada. Exu é o gênio trocista dos caminhos e encruzilhadas do Universo; mensageiro, intérprete das línguas humanas e divinas, Exu incorpora a contradição, dialetiza a existência humana, ritualiza o movimento perpétuo do cosmos, da história dos homens e das mulheres. Obatalá (Oxalá) em sua dualidade masculino-feminina estrutura o ovo primal da criação e procriação da espécie. E do além, muito além das nuvens que flutuam no horizonte, Olorum, o deus supremo, nos observa...

– Oxossi: okê! okê! okê!
– Iansã: Eparrei!
– Omolu: Átoto!

Saravá!

A.N.
Universidade de Ifé
15 de setembro de 1976

POSFÁCIO:
O GENOCÍDIO NO TERCEIRO MILÊNIO

Elisa Larkin Nascimento[1]

Lá se vão quarenta anos do libelo de Abdias Nascimento contra o genocídio do negro brasileiro[2], e o tema segue atualíssimo. A matança diária de dezenas de pessoas é tema de comissões parlamentares e campanhas de organizações de direitos humanos, como a Anistia Internacional. Nas ruas do Brasil, jovens negros se mobilizam conclamando seus pares: "Reaja ou Será Morto! Reaja ou Será Morta!" Diariamente as famílias das comunidades e favelas assistem à matança de filhos, netos, sobrinhos, irmãos, primos e conhecidos. Raros são os negros de classe média que não tenham um amigo, parente, vizinho, conhecido ou colega de infância que foi assassinado. As mulheres negras organizadas têm como tema prioritário os processos de luto e resistência diante dessas mortes. Os meios de comunicação retratam a situação de forma distorcida, realçando o medo da elite privilegiada diante da extrema pobreza que a concentração de renda produz em um quadro de escandalosa desigualdade econômica com nítidos contornos raciais. Pesquisas estatísticas oficiais e acadêmicas comprovam que as desigualdades raciais não se explicam unicamente por fatores econômicos; a discriminação racial se confirma como fator estruturante.

O Genocídio do Negro Brasileiro, publicado originalmente no país pela Paz e Terra, em 1978, apresenta o texto e o contexto da contribuição de Abdias Nascimento ao Colóquio, foro intelectual do Segundo Festival Mundial de Artes e Culturas Negras e Africanas (Festac/Fesman), realizado em Lagos, Nigéria, em 1977. O livro registra um momento decisivo na evolução da denúncia do racismo brasileiro. Prevalecia até então a versão oficial da "democracia racial", uma suposta vocação antirracista e alegada ausência de discriminação racial no país. Conhecedor da atuação militante de Abdias Nascimento no sentido de desmascarar essa versão, o governo brasileiro montou uma ofensiva diplomática contra a sua participação no Colóquio. O Ministério das Relações Exteriores, o Itamarati, lançou mão de estratégias e artimanhas repressivas dignas daquelas usadas pelo FBI contra Martin Luther King e Malcolm X, no intuito de silenciar a voz afro-brasileira que se insurgia naquele certame internacional[3].

O esforço foi em vão. Apesar das gestões autoritárias do regime, o autor alcançou o seu objetivo. Inaugurando nova fase no conhecimento mundial do fenômeno, o Relatório das Minorias do Grupo IV do Colóquio, reproduzido neste volume como Anexo 1, incorpora em documento coletivo do mundo africano a denúncia contra o racismo brasileiro. O mesmo documento inclui o depoimento dos aborígenes australianos sobre o sistema racista que os segrega e que serviu de modelo para a estrutura jurídica do *apartheid* na África do Sul.

A atuação internacional caracterizava a trajetória de Abdias Nascimento desde os tempos do Teatro Experimental do Negro, que ele fundou em 1944: uma voz única no Brasil a divulgar e trabalhar com o conceito e o movimento poético africano-antilhano da Négritude. Quando se encontrava no exílio a partir de 1968, Abdias situava a questão racial no Brasil no cenário internacional dos direitos humanos e do pan-africanismo, notadamente com sua atuação no VI Congresso Pan-Africano (Dar-es-Salaam, Tanzânia, 1974) e na reunião preparatória (Kingston, Jamaica, 1973), além de outros eventos do mundo africano[4]. Efetivamente, a internacionalização da denúncia do racismo brasileiro ampliou-se de forma significativa a partir desse esforço de Abdias Nascimento, com sua insistência, inédita e provocadora àquela época, em caracterizar o Brasil como segunda maior população negra no mundo e em chamar a atenção para a dominação da população majoritária de origem africana por uma elite branca minoritária, assim como no regime do *apartheid* da África do Sul.

O acolhimento da denúncia do racismo brasileiro no relatório do Colóquio do Segundo Festac/Fesman se deveu em grande parte à solidariedade de intelectuais africanos expressa no prefácio de Wole Soyinka (mais tarde, ganhador do primeiro prêmio Nobel de Literatura concedido a um escritor africano) à edição nigeriana de *O Genocídio do Negro Brasileiro*. Já antes, em 1974, o eminente intelectual africano Maurice Gleglé, de Benin, então consultor da Unesco à frente da organização do Colóquio do Segundo Festac/Fesman, havia convidado Abdias a elaborar uma conferência especial para o evento. Duas décadas depois, em 1996, M. Gleglé visitaria o Brasil na qualidade de relator especial da ONU para assuntos de discriminação racial, a pedido do Comitê Internacional da ONU Para Eliminação da Discriminação Racial. O relatório dessa visita testemunhou a discriminação e as desigualdades raciais no Brasil, confirmando o quadro-alvo da atuação de Abdias[5].

Nas quatro décadas que se passaram desde a primeira publicação do texto, muitos fatos contribuíram para a evolução do combate ao racismo e às desigualdades raciais que caracterizam a sociedade brasileira. Nas décadas de 1980 e 1990, o movimento social afro-brasileiro cresceu e ganhou aliados, multiplicando o peso da denúncia a ponto de colocar na pauta das discussões de políticas públicas no país a formulação de propostas antidiscriminatórias e de ação compensatória ou afirmativa para a promoção da igualdade[6]. Fruto desse processo foi um elenco considerável de dispositivos constitucionais e de legislação no sentido de criminalizar a discriminação racial, afirmar o caráter multicultural e pluriétnico de nossa sociedade, e medidas legislativas estaduais e municipais, como aquelas que previam o ensino da história e cultura africanas e afro-brasileiras nos currículos escolares[7]. Foram criados conselhos estaduais e municipais de participação da comunidade afro-brasileira ou de defesa dos direitos do negro e, ainda, dois órgãos de primeiro escalão: a Secretaria de Defesa e Promoção das Populações Afro-Brasileiras do Estado do Rio de Janeiro (1991-1994) e a Secretaria Municipal de Assuntos da Comunidade Negra de Belo Horizonte (1995-2000). Em nível federal, surgiram a Fundação Cultural Palmares (1989) e o Grupo de Trabalho Interministerial Para a Valorização da População Negra (1995). A criação do sistema federal de Políticas de Promoção da Igualdade Racial, a partir de 2003, representou a continuidade dessa tendência: o peso político da denúncia contra o racismo se fazia suficiente para influir no rumo administrativo de governos eleitos, culminando na estruturação da Secretaria Extraordinária de Políticas de Promoção da Igualdade Racial (SEPPIR) e suas congêneres em nível estadual e municipal.

Essa consolidação do peso político da questão racial se sustentou com base em pesquisas e dados estatísticos que se juntaram ao já mencionado relatório da ONU no sentido de emprestar maior legitimidade ao protesto negro. Quando *O Genocídio do Negro Brasileiro* foi publicado no Brasil em 1978, os prefaciadores concordaram que o livro retrata a realidade do racismo brasileiro, mas realçaram a incredulidade que reina em torno dela. Em seu prefácio à edição nigeriana de 1977, Wole Soyinka prevê que, embora os dados apresentados narrem "sua própria história inquietante", sem dúvida "haverá desacordo sobre a análise que Nascimento faz da realidade racial brasileira". Florestan Fernandes comenta que "[c]ontra Abdias se pode dizer que essa realidade não foi, ainda, suficientemente estudada pelos cientistas sociais", embora tenha sido captada pelo "conhecimento do senso comum, pela experiência direta de negros e mulatos pobres e por evidências de investigações parciais".

Nas décadas de 1980 e 1990, levantamentos estatísticos e estudos científicos constituíram um testemunho formal, sustentado em rigoroso critério acadêmico, da realidade discriminatória denunciada por Abdias Nascimento e o movimento negro. Mediante o levantamento e a análise de dados oficiais, registraram-se as agudas desigualdades raciais que contradizem o tradicional discurso da democracia racial e da ausência de discriminação racista no Brasil. Pioneiras entre essas obras foram as de Carlos Hasenbalg, Nelson do Valle Silva, Peggy Lovell e Roberto Borges Martins[8], entre outras.

O Instituto de Pesquisa Econômica Aplicada (Ipea), do Ministério do Planejamento, foi fundamental ao mostrar em suas publicações a melhora consistente, no decorrer do século xx, de indicadores sociais como os de renda, analfabetismo e escolaridade para a população geral, mantendo, entretanto, de forma rígida e constante os diferenciais entre negros e brancos. Nitidamente, as políticas sociais de impacto universal, responsáveis pela melhoria no quadro geral, não funcionaram para diminuir as desigualdades[9]. Pesquisas realizadas por organismos da sociedade civil confirmaram e desdobraram essa constatação; em relação ao mercado de trabalho, por exemplo, um exaustivo estudo realizado por órgãos sindicais documentava as persistentes desigualdades de raça e de gênero[10].

Em outra iniciativa, o economista Marcelo Paixão, da Universidade Federal do Rio de Janeiro, partiu do conceito e da metodologia utilizados pela onu na definição do Índice de Desenvolvimento Humano (IDH), uma síntese de indicadores sociais como renda, educação, saúde, habitação e expectativa de vida. Com base nos dados oficiais do IBGE, ele calculou o IDH diferenciado para as populações branca e afrodescendente (esta definida como a soma das categorias oficiais de "pretos" e "pardos") e os comparou aos índices de outros 174 países do mundo. Os resultados mostram que, enquanto o Brasil como nação estava no 79º lugar entre os 174 países pesquisados, um hipotético Brasil composto apenas da população afrodescendente ficaria no 108° lugar, 29 posições abaixo do Brasil e sete abaixo da África do Sul. A população branca, entretanto, se classificaria em 49° lugar, 30 posições acima do Brasil e 52 acima da África do Sul[11].

O resultado desse estudo foi divulgado antes de o governo anunciar o Plano IDH-14, o seu mais ambicioso programa social, que previa a aplicação de recursos da ordem de R$ 11,5 bilhões nos 14 estados brasileiros que ostentavam os níveis mais baixos de IDH. Entretanto, nenhuma medida específica foi prevista nesse plano para diminuir as comprovadas desigualdades raciais, numa demonstração de que o Estado brasileiro permanecia na sua habitual indiferença diante do racismo que imperava no país.

Os esforços coletivos do movimento social afro-brasileiro continuaram alargando as fronteiras da denúncia, cuja internacionalização em nível regional da América Latina e Caribe se consolidava, com protagonismo brasileiro, no processo preparatório e na realização da Terceira Conferência Mundial Contra o Racismo da ONU, em Durban, na África do Sul, em 2001. Paralela às intensas articulações entre os movimentos negros da sociedade civil dos vários países da região, houve a Iniciativa Comparativa de Relações Humanas no Brasil, Estados Unidos e África do Sul, organizada pela Fundação Sulista de Educação, de Atlanta, Estados Unidos, sob a coordenação de Lynn Walker Huntley (1946-2015)[12], em que Abdias Nascimento participou ativamente[13] ao lado de lideranças e coletividades dos três países.

Sem dúvida, o processo de Durban constituiu um marco na evolução da proposta de políticas afirmativas. O primeiro programa nesse sentido foi uma iniciativa isolada do Ministério da Reforma Agrária em setembro de 2001, no final da Conferência de Durban.

A partir de 2003, a implantação de políticas antidiscriminatórias fez do Brasil uma referência na América Latina e no Caribe no que diz respeito à busca de caminhos para superar o racismo e construir uma sociedade com igualdade de oportunidades.

As cotas, ações afirmativas e programas de inclusão como o ProUni (Programa Universidade Para Todos) transformaram o ensino superior. Seus resultados desmentiram as profecias falaciosas de um nivelamento por baixo da qualidade do ensino como consequência da chegada de alunos cotistas, pois estes demonstraram desempenho acadêmico igual ou superior ao dos outros alunos. O Ministério da Educação criou o Programa Acadêmico Abdias Nascimento visando estender a alunos negros, indígenas e com deficiência a oportunidade de estudos no exterior[14]. Empresas do setor privado vêm implantando, muitas vezes em parceria com organizações da sociedade civil e do movimento negro, programas de inclusão no mercado de trabalho que enriquecem e dinamizam o ambiente social do trabalho[15]. Todos esses avanços são resultados da ação do movimento social no combate ao racismo a que Abdias Nascimento dedicou sua vida.

Num mundo em que foram desmantelados sistemas jurídicos de segregação racial, como o Jim Crow nos Estados Unidos e o *apartheid* na África do Sul, prevalecem formas de racismo caracterizadas pela não formalidade, porém firmemente implantadas na estrutura institucional das sociedades. Ao estudar esse fenômeno, as forças mundiais preocupadas com o racismo e os direitos humanos encontram no Brasil o modelo paradigmático desse tipo de racismo informal e institucional que, disfarçado em harmonia e bondade, passou a ser reconhecido como racismo apenas muito recentemente. Tal reconhecimento se deve ao incansável trabalho do próprio negro no sentido de desmascarar o mito da "democracia racial", e o presente volume revisita uma das primeiras obras de alcance internacional a desempenhar esse papel.

Outro fato que a releitura do livro aponta é a antecipação pelo autor de um conceito que apenas recentemente passou a ser utilizado de forma ampla no contexto da mobilização antirracista brasileira e mundial: a referência aos povos de origem africana como "afrodescendentes". Sempre alerta para a necessidade de superar a identificação pela cor da pele, já que a negritude se revela uma referência muito mais ampla e profunda que envolve ancestralidade e civilização, Abdias frequentemente se referia aos "descendentes de africanos"[16]. Assim ele procurava neutralizar a linguagem de fragmentação do grupo de acordo com os critérios de cor determinantes da hierarquia social "latina" – a pigmentocracia que outorga maior prestígio social às peles gradativamente mais claras e aos traços físicos mais próximos ao branco europeu.

Escrevendo em 1976, desde o exílio, Abdias observou neste livro os movimentos do *soul* que proliferavam à época em vários centros urbanos brasileiros. Ao contrário do discurso que então prevalecia nos meios de comunicação no sentido de desautorizá-los como alienação cultural, Abdias Nascimento prevê sua evolução para "um movimento de tomada de consciência e de afirmação original afro-brasileiras". O acerto dessa posição se verificaria no grande impacto do *hip-hop* e do *rap*, inspirador de organizações comunitárias cuja criatividade na cultura caminha hoje junto a uma ação sociopolítica de grande relevância.

Também desde o exílio, o autor fez questão de registrar no livro as informações que lhe chegavam sobre atividades do movimento social – "há muita luta negra espalhada pelo vasto território nacional" – e realçava a continuidade histórica que esse movimento compõe com o incessante esforço de gerações anteriores em luta para superar o jugo racista e seus efeitos.

Na conclusão de *O Genocídio do Negro Brasileiro*, ao apresentar suas propostas à plenária do Colóquio do Segundo Festac/Fesman (Anexo 1), o autor antecipou ainda o conceito e a demanda do multiculturalismo, proposta que só viria a ser articulada e difundida de forma mais ampla na década de 1990, ao dizer que "Devemos nós, africanos e seus descendentes, enfatizar nossa capacidade de agir no projeto deste mundo atual, o de modelar a civilização do futuro, aberta a todos os eventos e expressões da existência humana".

Talvez o mais impressionante testemunho do pioneirismo dessas propostas seja a reivindicação, quase idêntica à que setores do movimento negro promovem hoje no conceito de reparação, de políticas antidiscriminatórias nos setores de educação, mercado de trabalho, distribuição de renda, acesso ao ensino e a cargos públicos, e

> compensações aos afro-brasileiros pelos séculos de escravização criminosa e decênios de discriminação racial depois da abolição; para esse fim se deverá drenar recursos financeiros e outros, compulsoriamente originados da Agricultura, do Comércio e da Indústria, setores que historicamente têm sido beneficiados com a exploração do povo negro. Tais recursos constituirão um fundo destinado à construção de moradias [...] O fundo sustentaria também a distribuição de terras no interior do país para os negros engajados na produção agropecuária (item 6).

O conjunto de propostas apresentadas por Abdias Nascimento ao Colóquio do Segundo Festac/Fesman contempla o conteúdo do Projeto de Lei 1.332, de ação compensatória, que Abdias apresentou à Câmara dos Deputados em 1983[17]. Este, por sua vez, antecipou em mais de uma década o elenco de demandas apresentadas ao governo federal em Brasília, em 20 de novembro de 1995, por ocasião da Marcha Zumbi dos Palmares Contra o Racismo e Pela Vida. Essas propostas, reiteradas ao longo do processo de construção do Estatuto da Igualdade Racial e das políticas de cotas e de ação afirmativa, continuam aguardando efetiva implementação, pois os programas que estão em vigor carecem de acompanhamento e avaliação sistemática para articulação de medidas capazes de aumentar sua eficácia.

Dessa forma, o texto de *O Genocídio do Negro Brasileiro* assume, além de seu valor histórico, grande relevância atual para a análise crítica do racismo no Brasil. Ao mesmo tempo ele documenta e protagoniza um momento decisivo na evolução da denúncia do racismo brasileiro perante a comunidade internacional. Num contexto em que a Nação e o Estado brasileiros desfrutavam a simpática, porém fictícia, imagem de criadores de uma sociedade única no mundo, marcada pela harmonia e pela igualdade no estatuto da convivência racial, surgia uma solitária voz de protesto contra a hipocrisia dessa imagem e da sociedade que a sustentava. A tentativa de calar essa voz destinou-se ao fracasso, pois ela proclamava a verdade de um povo alvo da injustiça que hoje, organizado, ganha espaço político no país e chama a atenção dos foros mundiais dos direitos humanos.

NOTAS

PREFÁCIO À EDIÇÃO BRASILEIRA

1. Florestan Fernandes, eminente sociólogo brasileiro, professor titular da Universidade de São Paulo e deputado federal pelo PT de São Paulo (1988-1995), faleceu em 1995. Sua obra pioneira o qualifica como uma das maiores autoridades na área das relações raciais no Brasil.

PREFÁCIO À EDIÇÃO NIGERIANA

1. Wole Soyinka, escritor, poeta e dramaturgo nigeriano, é Prêmio Nobel de Literatura e professor emérito da Universidade de Ifé. Militante incansável da causa dos direitos humanos e tem sido professor e doutor *honoris causa* por universidades como Harvard, Princeton e Cambridge. Seu livro *Myth, Literature and the African World* permanece como referência clássica sobre a mitologia e a expressão literária do mundo africano.

PRÓLOGO: A HISTÓRIA DE UMA REJEIÇÃO

1. Cf. Festac '77, no Colóquio: Civilização Negra e Filosofia.
   Na impossibilidade de consultar alguns textos originais de autores brasileiros transcritos, tais citações foram traduzidas das versões em inglês; observou-se, contudo, rigorosa fidelidade ao pensamento dos respectivos autores. Peço desculpas a eles por qualquer divergência na redação dos trechos em questão.
2. Cf. *Report of Working Group IV*, Colóquio, Festac '77, item 6, p. 10.
3. Ibidem, item 5, p. 13.
4. Festac, *Report of Working Group I: Black Civilization and Pedagogy*, p. 1.
5. Cf. C. do P. Valladares, *On the Ascendency of Africa in the Brazilian Arts*, Colóquio: Civilização Negra e Artes.
6. Cf. *Churches and Religious Observances in Brazil*, Colóquio: Civilização Negra e Religião, jan. 1977.
7. Cf. Y.A.P. de Castro e G.A. de S. Castro, *The African Cultures in the Americas.*, Colóquio: Civilização Negra e Línguas Africanas.
8. Cf. G. Alakija, *The Trance State in the Candomblé*, no Colóquio: Civilização Negra e Ciência e Tecnologia.
9. *Estudos Afro-Brasileiros*, p. 315. (Grifos do autor.)

I. INTRODUÇÃO

1. *Democracia Racial*, p. 7.
2. Democracia Racial, editorial do *Jornal do Brasil*, 10-11 nov. 1968, apud T. de Azevedo, op. cit., p. 52.
3. Importance of Colloquium Spelt Out, *Festac News*, v. I, n. 8, p. 2.
4. O Brasil no Festac '77, *Diário Popular*, Lisboa, 23 fev. 1977.
5. Gilberto Freyre, *The Masters and the Slaves*, p. 106, apud Thomas E. Skidmore, *Preto no Branco*, p. 319.
6. A. Grieco, *Gente Nova do Brasil: Veteranos, Alguns Mortos*, p. 217-218, apud T.E. Skidmore, *Preto no Branco*, p. 319.
7. G. Freyre, Aspectos da Influência Africana no Brasil, *Cultura*, ano VI, n. 23, p. 8.
8. Igreja Junto aos Indígenas, *Jornal do Brasil*, primeiro caderno, Rio de Janeiro, 28 dez. 1976.
9. Visão Panorâmica da Situação Indígena no Brasil, *Revista de Cultura Vozes*, v. LXX, n° 3, p. 30.
10. G. Freyre, Aspectos da Influência Africana no Brasil, *Cultura*, ano VI, n. 23, p. 19.
11. T. Skidmore, *Preto no Branco*, p. 211, nota 14.
12. F. Fanon, *Toward the African Revolution*, p. 36.
13. Aspectos da Influência Africana no Brasil, *Cultura*, ano VI, n. 23, p. 7.
14. *O Negro no Mundo dos Brancos*, p. 15.
15. *The Position of Blacks in Brazilian Society*, p. 5.
16. *Democracia Racial*, p. 10 e 29.
17. Antônio Houaiss e Catherine B. Avery (eds.), *The New Appleton Dictionary of the English and Portuguese Languages*, p. 417.

219

II.
ESCRAVIDÃO:
O MITO DO SENHOR BENEVOLENTE

1. Claude Levi-Strauss, *Raça e História*, p. 97.
2. Negro Popular Poetry in Brazil, *African Forum*, v. II, n. 4, p. 58.
3. T. Azevedo, *Democracia Racial*, p. 16.
4. Origens do Folclore Brasileiro, *Cadernos de Folclore*, n. 7, p. 2.
5. Em *Cadernos Brasileiros*, n. 36, p. 4.
6. H.R. Vizo, *Black Poetry of the Americas*, p. 9.
7. *Sermões Pregados no Brasil*, p. 399-400, apud Waldir Freitas Oliveira, Considerações Sobre o Preconceito Racial no Brasil, *Afro-Ásia*, n. 8-9, p. 13.
8. Ibidem, p. 23-24, apud W.F. Oliveira, op. cit., p. 12.
9. Apud David Brion Davis, *El Problema de la Esclavitud en la Cultura Occidental*, p. 162, apud W.F. Oliveira, op. cit., p. 14.
10. A.J.S. Vieira, op. cit., p. 399, apud W.F. Oliveira, op. cit., p. 10.
11. Nina Rodrigues, *Os Africanos no Brasil*, p. 283.
12. Apud R. Bastide, *African Civilizations in the New World*, p. 91.
13. Manuel Diégues Jr., *A África na Vida e na Cultura do Brasil*, p. 138.
14. *African Civilizations in the New World*, p. 92.
15. Cf. *African Religions and the Valorization of Brazilians of African Descent*.
16. *African Civilizations...*, p. 90.
17. *O Abolicionismo*, p. 102.
18. Op. cit., p. 14.
19. Jorge Andrade, Quatro Tiradentes Baianos, *Realidade*, p. 34-53.
20. M.S. Clington (Ary Kemtiow Zirka), *Angola Libre?*, p. 83.

III.
EXPLORAÇÃO SEXUAL DA MULHER AFRICANA

1. H.R. Vizo, *Black Poetry of the Americas*, p. 9-10.
2. *Raças e Classes Sociais no Brasil*, p. 124.
3. *African Religions and the Valorization of Brazilians of African Descent*, p. 10.
4. *Preto no Branco*, p. 87.
5. Artigo no *O Jornal*, Rio de Janeiro, 11 maio 1961, apud A. Nascimento, *O Negro Revoltado*, p. 47.

IV.
O MITO DO "AFRICANO LIVRE"

1. M. Diégues Jr., *A África na Vida e na Cultura do Brasil*, p. 137.
2. *Clarim da Alvorada*, 2ª fase, v. VI, n. 2, apud R. Bastide, *Estudos Afro-Brasileiros*, p. 140.
3. *Neither Black Nor White*, p. 207.
4. Apud T. Skidmore, *Preto no Branco*, p. 199.
5. *Os Africanos no Brasil*, p. 24 e 28.
6. *Les Selections sociales*, apud Alberto Guerreiro Ramos, *Introdução Crítica à Sociologia Brasileira*, p. 138.

V.
O BRANQUEAMENTO DA RAÇA:
UMA ESTRATÉGIA DE GENOCÍDIO

1. Apud T.E. Skidmore, *Preto no Branco*, p. 90.
2. C.N. Degler, *Neither Black Nor White*, p. 214.
3. *Democracia Racial*, p. 30.
4. Ibidem, p. 52.
5. Cf. p. 58.
6. Apud T.E. Skidmore, *Black into White*, p. 30.
7. Apud T.E. Skidmore, *Preto no Branco*, p. 221.
8. Apud T.E. Skidmore, *Preto no Branco*, p. 53.
9. Apud T.E. Skidmore, *Preto no Branco*, p. 224.
10. Apud T.E. Skidmore, *Preto no Branco*, p. 155.
11. Ibidem, p. 212.
12. Ibidem, p. 219.
13. *Language Attitudes, Ethnicity and Class in São Paulo and Salvador da Bahia, Brazil*, p. 24.
14. *Raça e Assimilação*, p. 126.
15. Ibidem, p. 138.
16. Apud T.E. Skidmore, *Preto no Branco*, p. 92.
17. Apud A.G. Ramos, op. cit., p. 129.
18. Apud T.E. Skidmore, *Preto no Branco*, p. 212.
19. Apud T.E. Skidmore, *Preto no Branco*, p. 83.
20. Ibidem.
21. Ibidem.
22. Apud T.E. Skidmore, *Preto no Branco*, p. 215.
23. T.E. Skidmore, *Preto no Branco*, p. 212.
24. Apud T.E. Skidmore, *Preto no Branco*, p. 215.
25. Apud T.E. Skidmore, *Preto no Branco*, p. 91.
26. Luis Viana Filho, *O Negro na Bahia*, p. 45.
27. T. Azevedo, Os Grupos Negro-Africanos, *História da Cultura Brasileira*, p. 87.

28. A. Nascimento, op. cit., p. 31.
29. Ibidem.
30. Ibidem, p. 31-32.
31. *Viagem Pitoresca Através do Brasil*, apud T.E. Skidmore, *Black into White*, p. 193.
32. O Desenvolvimento da População Preta e Parda no Brasil, *Contribuição Para o Estado da Demografia no Brasil*, p. 458, apud F.A.A. Mourão, *The Cultural Presence of Africa and the Dynamics of the Sociocultural Process in Brazil*, Colóquio: Civilização Negra e Filosofia, p. 11.
33. A Composição da População Segundo a Cor no Brasil e nas Diversas Regiões Fisiográficas e Unidades da Federação, em 1950, *Contribuições Para o Estudo da Demografia no Brasil*, apud F.A.A. Mourão, op. cit., p. 11.
34. M. Diégues Jr., *A África na Vida e na Cultura do Brasil*, p. 121.
35. Op. cit., p. 6.
36. *Preto no Branco*, p. 238.
37. Abdias, o Negro Autêntico, em A. Nascimento (org.), *Teatro Experimental do Negro – Testemunhos*, p. 157-158.

VI.
DISCUSSÃO SOBRE RAÇA: PROIBIDA

1. *The Position of Blacks in Brazilian Society*, p. 19.
2. *Democracia Racial*, p. 53.
3. A. Dzidzienyo, op. cit., p. 5.
4. *Estudos Sobre o Negro*, p. 22.
5. O Brasil no Festac '77.

VII.
DISCRIMINAÇÃO: REALIDADE RACIAL

1. F. Fernandes, *O Negro no Mundo dos Brancos*, p. 60.
2. Ibidem.
3. Op. cit., p. 147.
4. *Toward the African Revolution*, p. 40.
5. A. Nascimento, op. cit., p. 29.
6. Ibidem, p. 28-29.
7. F. Fernandes, op. cit., p. 57 e 59.
8. *Democracia Racial*, p. 29-30.
9. Op. cit., p. 5.

VIII.
IMAGEM RACIAL INTERNACIONAL

1. Delegado brasileiro à Assembleia Geral XXIII das Nações Unidas, apud T. Azevedo, *Democracia Racial*, p. 53-54.
2. Apud T.E. Skidmore, *Preto no Branco*, p. 323.
3. T. Azevedo, *Democracia Racial*, p. 54-55.
4. *O Preconceito de Raça no Brasil*, p. 94.
5. *Raças e Classes Sociais no Brasil*, p. 224.
6. África, Angola e Brasil, *Revista de Cultura Vozes*, ano 70, n. 4, p. 44.

IX.
O EMBRANQUECIMENTO CULTURAL: OUTRA ESTRATÉGIA DE GENOCÍDIO

1. *O Negro no Mundo dos Brancos*, p. 10.
2. The Position of Blacks in Brazilian Society, p. 6.
3. S. Romero, apud Nina Rodrigues, *Os Africanos no Brasil*, p. 15.
4. Cf. A. Nascimento, *Présence Africaine*, v. 30, n. 58, p. 208.
5. *Return to the Source*, p. 40.
6. W.F. Oliveira, Considerações Sobre o Preconceito Racial no Brasil, *Afro-Ásia*, n. 8-9.
7. Ibidem, p. 17-18.
8. Op. cit.
9. Cf. Olusegun Obasanjo, Opening Speech, Coloquium, Festac '77, p. 7.

X.
A PERSEGUIDA PERSISTÊNCIA DA CULTURA AFRICANA NO BRASIL

1. *As Culturas Negras no Novo Mundo*, p. 279.
2. Aspectos da Influência Africana no Brasil, *Cultura*, ano VI, n. 23, p. 12.
3. Alguns Aspectos da Influência das Culturas Nigerianas no Brasil em Literatura, Folclore e Linguagem, *Cultura*, ano VI, n. 23, p. 99.
4. *Estudos Afro-Brasileiros*, p. 165.
5. Aspectos da Influência Africana no Brasil, *Cultura*, ano VI, n. 23, p. 10.
6. Ibidem, p. 12.
7. Op. cit., p. 10.
8. Op. cit., p. 100.

XI.
SINCRETISMO OU FOLCLORIZAÇÃO?

1. *African Civilizations*, p. 156.
2. Ibidem, p. 108.
3. R. Bastide, *Estudos Afro-Brasileiros*, p. 216.
4. The Yoruba Traditional Religion in Brazil, p. 49.
5. R. Bastide, *African Civilizations*, p. 107-108.
6. Padre Não Quis Ver Xangô, *Folha de S.Paulo*, 13 fev. 1977. Agradeço a Leocádia Ferreira de Castro pela informação.
7. A.G. Ramos, op. cit., p. 144-145.
8. *Os Africanos no Brasil*, p. 279.

XII.
A BASTARDIZAÇÃO DA CULTURA AFRO-BRASILEIRA

1. *Os Africanos no Brasil*, p. 24.
2. C.P. Valladares, Sobre o Comportamento Arcaico Brasileiro nas Artes Populares, *Brasileiros e Seu Universo*, p. 63.
3. Idem, *On the Ascendency of Africa*, p. 6-7.
4. *Estudos Afro-Brasileiros*, p. XII.
5. Jorge Amado, *Jubiabá*, apud Doris J. Turner, *Symbols in Two Afro-Brazilian Literary Works*, p. 8, 13 e 15.
6. *Symbols in Two Afro-Brazilian Literary Works*, p. 15.
7. P. Verger, op. cit., p. 13.
8. F. Fanon, *Toward the African Revolution*, p. 37.
9. A Manipulação da Religião: O Exemplo Afro-Brasileiro, *Cultura*, ano VI, n. 23, p. 62.
10. Op. cit., p. 15.
11. Ibidem.
12. *O Abolicionismo*, p. 20.

XIII.
A ESTÉTICA DA BRANCURA NOS ARTISTAS NEGROS ACULTURADOS

1. O Negro Desde Dentro, em A. Nascimento (org.), *Teatro Experimental do Negro – Testemunhos*, p. 131.
2. Abdias e a Questão Racial, *Crítica*, ano I, n. 25, p. 14.
3. M. Diégues Jr., Le Noir africain dans la societée brésilienne, *La Contribution de l'Afrique dans la civilization brésilienne*, p. 19. (Publicado para o Primeiro Festival de Artes Negras, Dacar, 1966.)

4. 80 Anos de Abolição, *Cadernos Brasileiros*, p. 58.
5. *Estudos Afro-Brasileiros*, p. 67.
6. Ibidem, p. 65.
7. Ibidem, p. 67.
8. Ibidem, p. 68.
9. *Toward the African Revolution*, p. 38.
10. R. Bastide, *Estudos Afro-Brasileiros*, p. 34.
11. *Introdução Crítica à Sociologia Brasileira*, p. 171. Título do capítulo I da terceira parte.
12. R. Bastide, op. cit., p. 38.
13. Arthur Ramos, *O Folclore Negro do Brasil*, apud R. Bastide, op. cit., p. 51.
14. Cf. *Estudos Afro-Brasileiro*, p. 113-128.
15. Apud H.R. Vizo, *Black Poetry of the Americas*, p. 126.
16. G. Ramos, Semana do Negro de 1955, em A. Nascimento (org.), op. cit., p. 142.

XIV.
UMA REAÇÃO CONTRA O EMBRANQUECIMENTO: O TEATRO EXPERIMENTAL DO NEGRO

1. E.T. Bó, Prefácio, em A. Nascimento (org.), *Teatro Experimental do Negro...*, p. 9.
2. *Introdução Crítica à Sociologia Brasileira*, p. 162.
3. *Folha de S.Paulo*, 15 abr. 1977, p. 40.
4. Núcleo Cultural Deseja Conscientizar o Negro, *Tribuna da Bahia*, 15 de dezembro de 1975, p. 3.

XV.
CONCLUSÃO

1. *O Negro no Mundo dos Brancos*, p. 75, 173.
2. *The Position of Blacks in American Society*, p. 14.

ANEXOS
2: Teatro Negro-Brasileiro: Uma Ausência Conspícua

1. Publicado em *Afriscope*, Lagos, v. 7, n. 1, jan. 1977, ed. especial Festac '77.
2. R. Bastide, *Estudos Afro-Brasileiros*, p. 156.
3. Idem, Introduction para a edição em inglês de *Dramas Para Negros e Prólogo Para Brancos*, de Abdias do Nascimento, que não foi publicada. Acervo Elisa Larkin-Nascimento, p. 1.
4. Ibidem, p. 1-2.
5. A.G. Ramos, o Negro Desde Dentro, op. cit., p. 130.

6. R. Bastide, Introduction, op. cit., p. 2.
7. Ibidem, p. 3.
8. G. Alakija, Prefácio, em A.S.J. Vieira, *Cantos, Encantos e Desencantos d'Alma – Green Blue Shadows*, p. 9.

3: ARTE AFRO-BRASILEIRA: UM ESPÍRITO LIBERTADOR

1. A primeira versão deste artigo foi publicada em inglês na revista *Black Art: An International Quarterly*, Nova York, outono de 1976. A presente versão, com alguns acréscimos, foi escrita especialmente para *Ch'Indaba* (ex-*Transição*), número especial sobre o Festac.
2. Robert Goldwater, *Primitivism in Modern Art*, p. 4.
3. Cf. N. Rodrigues, *Os Africanos no Brasil*, p. 165.
4. A.G. Ramos, *Introdução Crítica à Sociologia Brasileira*, p. 144 e 145.
5. Intervenção no Colloquium On Negro Art, *Présence Africaine*, p. 404.
6. Sobre o Comportamento Arcaico Brasileiro nas Artes Populares, *Brasileiros e Seu Universo*, p. 63.
7. La Deshumanización del Arte, *Revista del Ocidente*, p. 115.
8. Apud W. Soyinka, *Myth, Literature and the African World*, p. 35.
9. A Defasagem Africana ou Crônica do Primeiro Festival Mundial de Artes Negras, *Cadernos Brasileiros*, n. 36, p. 4.
10. *Pedagogia do Oprimido*, Porto: Afrontamento, 1975, p. 41.
11. L.C. Frota, Criação Individual e Coletividade, *Brasileiros e Seu Universo*, p. 55.
12. Entrevista a Louis S. Gates, *Black World*, p. 48.

POSFÁCIO: O GENOCÍDIO NO TERCEIRO MILÊNIO

1. Elisa Larkin Nascimento, escritora, doutora em psicologia pela Universidade de São Paulo e mestre em direito e em ciências sociais pela Universidade do Estado de Nova York, dirige o Instituto de Pesquisas e Estudos Afro-Brasileiros (Ipeafro), coordenando o tratamento técnico do acervo Abdias Nascimento para pesquisa e suporte ao ensino das relações raciais e história e cultura africana e afro-brasileira.
2. A primeira edição, em inglês, foi publicada em novembro de 1976, pelo Departamento de Línguas e Literaturas Africanas da Universidade de Ifé (hoje Universidade Obafemi Awolowo), na Nigéria, sob o título *"Racial Democracy" in Brazil: Myth or Reality?* Em 1977, o texto foi publicado na forma de uma série de artigos no jornal diário *The Sketch*, de Ibadan, como parte de sua cobertura do Segundo Festac/Fesman. Ainda naquele ano, seguiu-se a edição do livro, com texto revisto e ampliado, pela mesma Sketch Publishers.
3. O episódio está documentado, com base nos arquivos oficiais do Itamarati, no livro *Sitiado em Lagos*, de Abdias Nascimento (Rio de Janeiro: Nova Fronteira, 1981; segunda edição publicada no volume *O Brasil na Mira do Pan-Africanismo*, Salvador: Editora da Universidade Federal da Bahia EDUFBA, 2002).
4. Carlos Moore, "Abdias do Nascimento e o Surgimento de um Pan-Africanismo Contemporâneo Global", em Abdias Nascimento, *O Brasil na Mira do Pan-Africanismo*, p. 17-32; Abdias Nascimento, *O Quilombismo: Documentos de uma Militância Pan-Africanista* (Brasília/Rio de Janeiro: Fundação Cultural Palmares/OR Editora, 2002).
5. Trechos desse relatório estão publicados em português na revista *Thoth*, n. 4, Brasília, 1998 (publicação do gabinete do senador Abdias Nascimento).
6. Kabengele Munanga (org.), *Estratégias e Políticas de Combate à Discriminação Racial* (São Paulo: Edusp/Estação Ciência, 1996).
7. Hédio Silva Jr. (org.), *Anti-Racismo: Coletânea de Leis Brasileiras Federais, Estaduais, Municipais* (São Paulo: Oliveira Mendes, 1998).
8. Carlos Hasenbalg, *Discriminação e Desigualdades Raciais no Brasil* (Rio de Janeiro: Graal, 1979); Nelson do Valle Silva; Carlos Hasenbalg, *Relações Raciais no Brasil Contemporâneo* (Rio de Janeiro: CEAA/Iuperj/Fundação Ford, 1992); Peggy Lovell (org.), *Desigualdade Racial no Brasil Contemporâneo* (Belo Horizonte: CEDEPLAR/UFMG, 1991); Roberto Borges Martins, *Desigualdades Raciais no Brasil* (Brasília: Ipea, 2000).
9. Tais fatos foram divulgados pelos presidentes do IBGE, Sérgio Besserman, e do IPEA, Roberto Borges Martins, em conferências proferidas durante o seminário Mecanismos de Promoção da Igualdade – Um Desafio Para o Desenvolvimento do Brasil, promovido pelo Escritório Nacional Para Assuntos da População Negra Zumbi dos Palmares em conjunto com a Comunidade Bahai e realizado em Brasília em setembro de 2000 (O Globo, 23.9.2000, p. 13).
10. *Mapa da População Negra no Mercado de Trabalho*, publicado, em 1999, pelo Inspir (Instituto

Sindical Interamericano Pela Igualdade Racial) e pelo Dieese (Departamento Intersindical de Estatística e Estudos Sócio-Econômicos).

11. Marcelo Paixão, Desenvolvimento Humano e as Desigualdades Étnicas no Brasil: Um Retrato de Final de Século, *Proposta*, Rio de Janeiro, v. 29, n. 86, set.-nov. 2000, p. 43-54.

12. Comparative Human Relations Initiative (CHRI), *Além do Racismo: Abraçando um Futuro Interdependente*, Atlanta: Southern Education Foundation, 2000, 4 v. O respectivo sítio na internet está disponível em inglês e português: <http://www.beyondracism.org. Acesso em: 14 out. 2016.

13. Abdias Nascimento; Elisa Larkin Nascimento, Reflexões Sobre o Movimento Negro no Brasil, 1938-1997, em Antonio Sérgio Alfredo Guimarães; Lynn Walker Huntley (orgs.), *Tirando a Máscara: Ensaios Sobre o Racismo no Brasil* (São Paulo/Atlanta: Paz e Terra/Southern Education Foundation, 2000), p. 203-236; Abdias Nascimento; Elisa Larkin Nascimento, Dance of Deception: A Reading of Race Relations in Brazil, em Charles V. Hamilton; Lynn Walker Huntley; Neville Alexander; Antonio Sérgio Alfredo Guimarães; Wilmot James, *Beyond Racism*: Race and Inequality in Brazil, South Africa, and the United States (Boulder/Londres: Lynne Rienner, 2001), p. 105-156. Disponível em: <http://www.beyondracism.org/publication_frame_set.htm>. Acesso em: 14 out. 2016.

14. Criado em 2014, ano do centenário de nascimento de Abdias, o programa publicou edital e realizou seleção de projetos no início de 2015. Entretanto, permanece paralisado por falta de recursos até o momento em que escrevemos estas linhas.

15. O trabalho do Centro de Estudos das Relações de Trabalho e Desigualdade (CEERT) e o do Geledés Instituto da Mulher Negra são exemplos dessa parceria com empresas do setor privado, como o Citibank e Banco Itaú, entre outros.

16. Cf. Abdias Nascimento (org.), *Dramas Para Negros e Prólogo Para Brancos* (Rio de Janeiro: Teatro Experimental do Negro, 1961 e *O Negro Revoltado* (Rio de Janeiro: GRD, 1968; segunda edição, Rio de Janeiro: Nova Fronteira, 1982).

17. Abdias Nascimento, *Combate ao Racismo*, v. 1 (Brasília: Câmara dos Deputados, 1983), p. 98-111; Elisa Larkin Nascimento, *Abdias Nascimento* (Brasília: Senado Federal, 2014, coleção Grandes Vultos que Honraram o Senado), p. 292-303.

BIBLIOGRAFIA

ABIMBOLA, Wande. The Yoruba Traditional Religion in Brazil: Problems and Prospects. Trabalho apresentado ao seminário do corpo docente. Departamento de Línguas e Literaturas Africanas. Ilé-Ifé: Universidade de Ifé, 18 out. 1976.
ALAKIJA, George. Prefácio. In: VIEIRA, Antônio. *Cantos, Encantos e Desencantos d'Alma: Green Blue Shadows*. Salvador: Mensageiro da Fé, 1975.
AMADO, Jorge. *Jubiabá*. São Paulo: Martins, 1961.
ANDRADE, Jorge. Quatro Tiradentes Baianos. *Realidade*. São Paulo, nov. 1971.
AZEVEDO, Thales de. *Democracia Racial: Ideologia e Realidade*. Vozes: Petrópolis.
____. Os Grupos Negro-Africanos. *História da Cultura Brasileira*. Rio de Janeiro: Ministério da Educação e Cultura, 1973.
BASTIDE, Roger. *Estudos Afro-Brasileiros*. Perspectiva: São Paulo, 1973.
____. *African Civilizations in the New World*. Trad. Peter Green. New York: Harper and Row, 1972.
____. Introduction. In: NASCIMENTO, Abdias do (org.). *Dramas Para Negros e Prólogo Para Brancos*. Rio de Janeiro: Teatro Experimental do Negro, 1961. (Texto escrito em 1975 para a versão não publicada em inglês) Acervo Elisa Larkin Nascimento.
BÓ, Efraím Tomás. Prefácio. *Teatro Experimental do Negro: Testemunhos*. Rio de Janeiro: GRD, 1966.
BOMÍLCAR, Álvaro. *O Preconceito de Raça no Brasil*. Rio de Janeiro: Typografia Aurora, 1916.
CABRAL, Amilcar. *Return to the Source*. New York: Monthly Review Press, 1973.
CARNEIRO, Edison. 80 Anos de Abolição. *Cadernos Brasileiros*, Rio de Janeiro, 1968. (Edição Especial: 80 Anos de Abolição.)
CHRI (Comparative Human Relations Initiative). *Beyond Racism: Embracing an Interdependent Future*. Atlanta: Southem Education Foundation, 2000. 4 v.
CLINGTON, Mário de Souza (Ary Kemtiow Zirka). *Angola Libre?* Paris: Gallimard, 1975.
COELHO, Remulo. A Composição da População Segundo a Cor no Brasil e nas Diversas Regiões Fisiográficas e Unidades da Federação, em 1950, *Contribuições Para o Estudo da Demografia no Brasil*. Rio de Janeiro: Fundação IBGE, 1961.
CUNHA, Horácio da. *Clarim da Alvorada*, 2ª fase, v. VI, n. 2.
DANTAS, Raimundo Sousa. Abdias e a Questão Racial. *Crítica*, Rio de Janeiro, 16-22 jun. 1975, ano I, n. 25.
DAVIS, David Brion. *El Problema de la Escravitud en la Cultura Occidental*. Buenos Aires: Paidos, 1968.
DEGLER, Carl N. *Neither Black Nor White: Slavery and Race Relations in Brazil and the United States*. New York: McMillan, 1971.
DIÉGUES JR., Manuel. Le Noir africain dans la societée brésilienne. *La Contribution de l'Afrique dans la civilization brésilienne*. Rio de Janeiro: Ministério das Relações Exteriores, [s. d.]. (Publicado para o Primeiro Festival de Artes Negras, Dacar, 1966.)
DZIDZIENYO, Anani. *The Position of Blacks in Brazilian Society*. Report n. 7. London: Minority Rights Group, 1971.
FANON, Frantz, *Toward the African Revolution*. Trad. Haakon Chevalie. New York: Grove Press, 1969.
____. *Black Skin, White Masks*. Trad. Charles Lam Mardmann. New York: Grove Press, 1967.

FERNANDES, Florestan. *O Negro no Mundo dos Brancos*. São Paulo: Difusão Europeia do Livro, 1972.
FIGUEIREDO, Antônio de. O Brasil no Festac '77. *Diário Popular*, Lisboa, 23 fev. 1977.
FREIRE, Paulo. *Pedagogia do Oprimido*. Porto: Afrontamento, 1975.
FREYRE, Gilberto. Aspectos da Influência Africana no Brasil. *Cultura*, Brasília, ano VI, n. 23, out.--dez. 1976. (Ministério da Educação e Cultura.)
____. *Casa Grande e Senzala*. 13. ed. Rio de Janeiro: José Olympio, 1966. 2 v.
FREYRE, Gilberto. *The Masters and the Slaves*. 2. ed. New York: Knopf, 1956.
FROTA, Lélia Coelho. Criação Individual e Coletividade. Catálogo 7, *Brasileiros e Seu Universo*. Brasília: Ministério da Educação e Cultura, 1974.
GILLIAM, Angela. *Language Attitudes, Ethnicity and Class in São Paulo and Salvador da Bahia, Brazil*. Tese (Doutorado), Union Graduate School, New York, 1975.
GOLDWATER, Robert. *Primitivism in Modern Art*. New York: Vintage, 1967.
GRIECO, Agripino. *Gente Nova do Brasil: Veteranos, Alguns Mortos*. Rio de Janeiro: José Olympio, 1935.
HASENBALG, Carlos. *Discriminação e Desigualdades Raciais no Brasil*. Rio de Janeiro: Graal, 1979.
HOUAISS, António; Avery, Catherine B. (eds.). *The New Appleton Dictionary of the English and Portuguese Languages*. New York: Appleton/Century/Crofts, 1967.
IANNI, Octávio. *Raças e Classes Sociais no Brasil*. 2. ed. Rio de Janeiro: Civilização Brasileira, 1972.
INSPIR – Instituto Sindical Intramericano Pela Igualdade Racial; DIEESE – Departamento Intersindical de Estatística e Estudos Sócio-Econômicos. *Mapa da População Negra no Mercado de Trabalho: Regiões Metropolitanas de São Paulo, Salvador, Recife, Belo Horizonte, Porto Alegre e Distrito Federal*. São Paulo: INSPIR/DIEESE, out. 1999.
LAPOUGE, G. Vacher de. *Les Selections sociales*. Paris, 1896.
LARKIN-NASCIMENTO, Elisa. *O Sortilégio da Cor: Identidade Afrodescendente no Brasil*. Tese (Doutorado em Psicologia), Instituto de Psicologia, São Paulo, USP, 2000.
LAYTANO, Dante de. Origens do Folclore Brasileiro. *Cadernos de Folclore*. Rio de Janeiro, n. 7, Ministério da Educação e Cultura, 1971.
LEVI-STRAUSS, Claude. *Raça e História*. Trad. Inácia Canelas. Lisboa: Presença, 1973.
LOVELL, Peggy (org.). *Desigualdade Racial no Brasil Contemporâneo*. Belo Horizonte: Cedeplar-UFMG, 1991.
MARTINS, Roberto Borges. *Desigualdades Raciais no Brasil*. Brasília: IPEA, 2000.
MELLO, A. Silva. *Estudos Sobre o Negro*. Rio de Janeiro: José Olympio, 1958.
MORTARA, Giorgio. O Desenvolvimento da População Preta e Parda no Brasil. *Contribuição Para o Estado da Demografia no Brasil*. 2. ed. Rio de Janeiro: Fundação IBGE, 1970.
MUNANGA, Kabengele (org.). *Estratégias e Políticas de Combate à Discriminação Racial*. São Paulo: Edusp/Estação Ciência, 1996.
NABUCO, Joaquim. *O Abolicionismo*. São Paulo: Instituto Progresso, 1949.
NASCIMENTO, Abdias do. Teatro Negro Brasileiro: Uma Ausência Conspícua, *Afriscope*, Lagos, v. 7, n. 1, jan. 1977. (Edição especial Festac '77.)
____. *O Negro Revoltado*. Rio de Janeiro: GRD, 1968.
____. Carta Aberta ao Primeiro Festival Mundial de Artes Negras. *Présence Africaine*, Paris, v. 30, n. 58, 1966.
____ (org.). *Teatro Experimental do Negro: Testemunhos*. Rio de Janeiro: GRD, 1966.
____ (org.). *Dramas Para Negros e Prólogo Para Brancos*. Rio de Janeiro: Teatro Experimental do Negro, 1961.
NASCIMENTO, Abdias; LARKIN-NASCIMENTO, Elisa. Dance of Deception: A Reading of Race Relations in Brazil. In: CHRI (Comparative Human Relations Initiative). *Beyond Racism:*

Embracing an Interdependent Future, v. 2: *Three Nations at the Crossroads*. Atlanta: Southern Education Foundation., 2000.

OLIVEIRA, Waldir Freitas. Considerações Sobre o Preconceito Racial no Brasil. *Afro-Ásia*, Salvador, n. 8-9, jun.-dez. 1969.

OLIVEIRA VIANNA, Francisco José de. *Raça e Assimilação*. 3. ed. São Paulo: Companhia Editora Nacional, 1938.

ORTEGA y GASSET, José. La Deshumanización del Arte, *Revista del Ocidente*, Madrid, 1956.

PADMORE, George. *Pan-Africanism or Communism?* 3. ed. New York: Doubleday, 1972.

PAIXÃO, Marcelo. Os Indicadores de Desenvolvimento Humano (IDH) Como Instrumento de Mensuração de Desigualdades Étnicas: O Caso Brasil. *Proposta: Revista Trimestral da* FASE, v. 29, n. 85, mar.-mai 2000.

RAMOS, Arthur. *As Culturas Negras no Novo Mundo*. São Paulo: Companhia Editora Nacional, 1946.

RAMOS, Alberto Guerreiro. O Negro Desde Dentro. In: NASCIMENTO, Abdias do (org.). *Teatro Experimental do Negro: Testemunhos*. Rio de Janeiro: GRD, 1966.

____. Semana do Negro de 1955. In: NASCIMENTO, Abdias do. *Teatro Experimental do Negro – Testemunhos*. Rio de Janeiro: GRD, 1966.

____. *Introdução Crítica à Sociologia Brasileira*. São Paulo: Andes, 1957.

RECORD, Wilson. *The Negro and the Communist Party*. New York: Atheneum, 1971.

REIS, Rangel. Igreja Junto aos Indígenas, *Jornal do Brasil*, Rio de Janeiro, 28 dez. 1976. Primeiro Caderno.

RODRIGUES, José Honório. África, Angola e Brasil. *Revista de Cultura Vozes*, Petrópolis, ano 70, n. 4, 1976.

RODRIGUES, José Honório. *O Jornal*. Rio de Janeiro, 11 maio 1961.

RODRIGUES, Nelson. Abdias, o Negro Autêntico. In: NASCIMENTO, Abdias do (org.). *Teatro Experimental do Negro: Testemunhos*. Rio de Janeiro: GRD, 1966,

RODRIGUES, Nina. *Os Africanos no Brasil*. 3. ed. São Paulo: Companhia Editora Nacional, 1945. (4. ed. São Paulo: Instituto Nacional do Livro, 1976.)

RUGENDAS, Johann Moritz. *Viagem Pitoresca Através do Brasil*. São Paulo: Livraria Martins, 1940.

SCHWADE, Egydio. Visão Panorâmica da Situação Indígena no Brasil. *Revista de Cultura Vozes*, Petrópolis, ano 70, v. LXX, n. 3, abr. 1976.

SELJAN, Zora. Negro Popular Poetry in Brazil. *African Forum*, New York, v. II, n. 4, Spring 1967.

SILVA, Nelson do Valle; HASENBALG, Carlos. *Relações Raciais no Brasil Contemporâneo*. Rio de Janeiro: Rio Fundo/CEAAI-IUPERJ/Fundação Ford, 1992.

SILVA JR., Hédio (org.). *Anti-Racismo: Coletânea de Leis Brasileiras Federais, Estaduais, Municipais*. São Paulo: Oliveira Mendes, 1998.

SKIDMORE, Thomas E. *Preto no Branco: Raça e Nacionalidade no Pensamento Brasileiro*. Trad. Raul de Sá Barbosa. Rio de Janeiro: Paz e Terra, 1976.

____. *Black into White: Race and Nationality in Brazilian Thought*. New York: Oxford University Press, 1974.

SOYINKA, Wole. *Myth, Literature and the African World*. Cambridge: Cambridge University Press, 1976.

____. Entrevista a Louis S. Gates, *Black World*. Chicago, ago. 1975.

TURNER, Doris J. Symbols in Two Afro-Brazilian Literary Works: "*Jubiabá*" and "*Sortilégio*". In: Teaching Latin American Studies: Presentations to first National Seminar on the Teaching of Latin American Studies. Albuquerque: Universidade do Novo México, 1975.

TURNER, J. Michael. A Manipulação da Religião: O Exemplo Afro-Brasileiro. *Cultura*, Brasília, ano VI, n. 23, out.-dez. 1976. (Ministério da Educação e Cultura.)

VALLADARES, Clarival do Prado. Sobre o Comportamento Arcaico Brasileiro nas Artes Populares. Catálogo 7, *Brasileiros e Seu Universo*, Brasília, 1974. (Ministério da Educação e Cultura.)

_____. A Defasagem Africana ou Crônica do Primeiro Festival Mundial de Artes Negras. *Cadernos Brasileiros*. Rio de Janeiro, n. 36, jul.-ago. 1966.

VERGER, Pierre. *African Religions and the Valorization of Brazilians of African Descent*. Trad. W.F. Feuser. Departamento de Línguas e Literaturas Africanas, Ilé-Ifé, Universidade de Ifé, 21 fev. 1977. (Trabalho apresentado ao seminário do corpo docente.)

VIANA FILHO, Luis. *O Negro na Bahia*. Rio de Janeiro: José Olympio, 1949.

VIEIRA, Antonio S.J. *Cantos, Encantos e Desencantos d'Alma – Green Blue Shadows*. Salvador: Mensageiro da Fé, 1975.

_____. *Sermões Pregados no Brasil*. Lisboa: Agência Geral das Colônias, 1940.

VIZO, Hortensia Ruiz del. *Black Poetry of the Americas (A Bilingual Anthology)*. Miami: Universal, 1972.

YAI, Olabiyi Babalola. Alguns Aspectos da Influência das Culturas Nigerianas no Brasil em Literatura, Folclore e Linguagem. *Cultura*, Brasília, ano VI, n. 23, out.-dez., 1976. (Ministério da Educação e Cultura.)

ZIRIMU, Pio. Importance of Colloquium Spelt Out, *Festac News* (Entrevista), Lagos, v. 1, n. 8, jun.--jul. 1976.

Trabalhos Apresentados no Festac '77

ALAKIJA, George. *The Trance State in the Candomblé*. Publicado pela delegação oficial do governo brasileiro ao Festac '77, Colóquio: Civilização Negra e Ciência e Tecnologia, jan. 1977.

CASTRO, Yêda A. Pessoa de; CASTRO, Guilherme A. de Souza. *The African Cultures in the Americas: Introduction to Joint Research on the Locations of Loan-Words*. Publicado pela delegação oficial do governo brasileiro do Festac '77, Colóquio: Civilização Negra e Línguas Africanas, jan. 1977.

DIÉGUES JR., Manuel. *A África na Vida e na Cultura do Brasil*. Publicado pela delegação oficial do governo brasileiro do Festac '77, jan. 1977.

ESHETE, Aleme. *Report of Working Group IV: Black Civilization and Historical Awareness*. Colóquio, Festac '77. Lagos, jan. 1977.

FESTAC. *Report of Working Group I: Black Civilization and Pedagogy*, Colóquio, Festac '77, Lagos, jan. 1977.

MOURÃO, Fernando Augusto Albuquerque. *The Cultural Presence of Africa and the Dynamics of the Sociocultural Process in Brazil*. Publicado pela delegação oficial do governo brasileiro do Festac '77, Colóquio: Civilização Negra e Filosofia, jan. 1977.

OBASANJO, Olusegun. Opening Speech. Coloquium, Festac '77, Lagos, jan., 1977. (Documento oficial do Colóquio.)

RIBEIRO, René. *Churches and Religious Observances in Brazil*. Publicado pela delegação oficial do governo brasileiro do Festac '77, Colóquio: Civilização Negra e Religião, jan. 1977.

VALLADARES, Clarival do Prado. *On the Ascendency of Africa in the Brazilian Arts*. Publicado pela delegação oficial do governo brasileiro do Festac '77, Colóquio: Civilização Negra e Artes, jan. 1977.

Outras Obras do Autor

Thoth: Escriba dos Deuses. Brasília: Gabinete do Senador Abdias Nascimento, 1997-1999. 6 v.
Orixás: Os Deuses Vivos da África. Rio de Janeiro: IPEAFRO/Afrodiaspora, 1995. (Livro em edição bilíngue, reunindo poesias, texto e reproduções em cores das obras do autor.)
Africans in Brazil: A Pan-African Perspective. Coautoria com Elisa Larkin-Nascimento. Trenton: Africa World Press, 1991.
Brazil: Mixture or Massacre. 2. ed. Trans. Elisa Larkin Nascimento. Dover: The Majority Press, 1989.
Combate ao Racismo. Brasília: Câmara dos Deputados, 1983-1986. 6 v. (Discursos e Projetos de Lei.)
Afrodiaspora: Revista do Mundo Africano, n. 1-7. Rio de Janeiro: IPEAFRO, 1983-1986.
Axés do Sangue e da Esperança: Orikis. Rio de Janeiro: Achiamé/RioArte, 1983. (Poesia)
O Negro Revoltado. 2. ed. Rio de Janeiro: Nova Fronteira, 1982.
Sitiado em Lagos. Rio de Janeiro: Nova Fronteira, 1981.
O Quilombismo. Petrópolis: Vozes, 1980.
Journal of Black Studies, ano 11, n. 2, dez. 1980. (Organizador de número especial sobre o Brasil).
Sortilégio II: Mistério Negro de Zumbi Redivivo. (Peça dramática). Rio de Janeiro: Paz e Terra, 1979.
Mixture or Massacre. Trans. Elisa Larkin-Nascimento. Buffalo: Afrodiaspora, 1979.
O Genocídio do Negro Brasileiro. Rio de Janeiro: Paz e Terra, 1978.
"Racial Democracy" in Brazil: Myth or Reality. Trans. Elisa Larkin-Nascimento. 2. ed. Ibadan: Sketch, 1977. (1. ed. Ile-Ife: University of Ife, 1976.)
Memórias do Exílio. Em colaboração com Paulo Freire e Nelson Werneck Sodré. Lisboa: Arcádia, 1976.
Sortilege: Black Mystery. Trans. Peter Lownds. Chicago: Third World, 1976.
Oitenta Anos de Abolição. Rio de Janeiro: Cadernos Brasileiros, 1968.
Teatro Experimental do Negro: Testemunhos. Rio de Janeiro: GRD, 1966.
Dramas Para Negros e Prólogo Para Brancos. Rio de Janeiro: TEN, 1961.
Sortilégio (Mistério Negro). Rio de Janeiro: Teatro Experimental do Negro, 1959.
Relações de Raça no Brasil. Rio de Janeiro: Quilombo, 1950.